Reise in eine vergangene Zeit

Reise in eine vergangene Zeit

Rund um die Welt 1905

FOTOGRAFIEN Waldemar Abegg

TEXTE Boris Martin
in Zusammenarbeit mit Hélène Lorrain

Aus dem Französischen von Ilse Rothfuß

Frederking & Thaler

W.C.HITE
W.C.HITE

»Es ist schon viel, etwas gewagt zu haben.«

Die *Grand Tour*

Waldemar Abegg träumt schon lange von dieser Reise. Zumindest seit er vor vier Jahren, 1901, seine Stelle als Regierungsassessor in Waldenburg angetreten hat. Fast als habe die Aussicht auf eine vorgegebene Laufbahn in der preußischen Bürokratie ihn plötzlich wachgerüttelt und in dem vorbildlichen Schüler und behüteten Bürgersohn das Bedürfnis geweckt, um die Welt zu reisen.

Zu Beginn des 20. Jahrhunderts ist das Deutsche Kaiserreich bereits eine Großmacht. Durch die vielfältigen Bündnisse und zahlreichen Konflikte haben sich die Landesgrenzen so weit ausgedehnt wie noch nie. Waldemar Abegg kommt 1873 in Berlin zur Welt, zwei Jahre nachdem Wilhelm I. in der Versailler Spiegelgalerie zum Kaiser ausgerufen wurde, mit Bismarck als seinem »eisernen« Kanzler. Aus der Asche von Sedan ist das Reich wiederauferstanden, annektiert Elsass-Lothringen und nährt auf diese Weise die Revanche-Bestrebungen der gedemütigten Franzosen. Aber vorerst wächst Waldemar mit den Büchern von Jules Verne auf, der gerade ein aufsehenerregendes Werk veröffentlicht hat: *In 80 Tagen um die Welt*. Noch ahnt er nicht, dass er eines Tages selbst in die Fußstapfen von Phileas Fogg treten wird. New York, San Francisco, Yokohama, Bombay …

In seinen ersten Jahren orientiert er sich allerdings mehr an seinem Bruder Richard, seinem großen Vorbild. Richard ist vier Jahre älter, ein Alleskönner, der sich schon früh für Chemie und Physik interessiert und an der Gasleitung in der Berliner Wohnung in der Tiergartenstraße herumexperimentiert. Aber Richard beschränkt sich nicht darauf, seine Eltern mit gefährlichen Experimenten aufzuschrecken. Als Ältester von fünf Geschwistern übernimmt er die Rolle des Beschützers gegenüber den vier Brüdern und der einzigen Schwester, die wie er selbst 1869 geboren wird. Auf Margarethe folgt Waldemar, der ihm als nächstjüngerer Bruder besonders am Herzen liegt. Dann kommt Wilhelm, Jahrgang 1876, und 1882 schließlich Konrad.

Waldemar wächst in Berlin auf und verlebt eine behütete Kindheit im Schoß seiner großbürgerlichen Familie. Der Vater, ein gelernter Jurist, beginnt seine Laufbahn als Kommerzien- und Admiralitätsrat und übernimmt dann die Leitung der Deutschen Hypothekenbank. Die Mutter, selbst aus einer Breslauer Bankiersfamilie stammend, »führt den Haushalt«. Das Familienleben in der geräumigen Zehn-Zimmer-Wohnung verläuft ruhig und geregelt, gleichmäßig wie ein Uhrwerk. Jeden Morgen kurz vor sieben weckt der Vater die Kinder, die sich nach dem Aufstehen mit kaltem Salzwasser waschen müssen. Am Vormittag, während sie in der Schule sind, kümmert sich die Mutter um den Haushalt und verteilt die Aufgaben an die Köchin und das Dienstmädchen. Mittags gönnt sie sich ein kleines Glas Bordeaux und etwas Obst und legt sich bis ein Uhr nieder. Wenn die Kinder am frühen Nachmittag aus der Schule kommen, wird das Mittagessen serviert: Suppe, Braten, Gemüse, Salat und Kompott. Waldemar und Margarethe, die an einer leichten Anämie leiden, müssen als Einzige ein Spezialbier dazu trinken. Eine fragwürdige

Therapie, die zur Folge hat, dass Waldemar eine unüberwindliche Abneigung gegen das deutsche Nationalgetränk entwickelt. Nach dem Essen – wenn der Vater einmal auf seinen Mittagsschlaf verzichtet – geht die ganze Familie in den Tiergarten, die grüne Lunge im Herzen der Stadt, die im Osten von Reichstag und Brandenburger Tor begrenzt ist. Dahinter liegen die schattigen Alleen der Prachtstraße Unter den Linden, die vom gedämpften Hufschlag der Kutschpferde widerhallen. Nach diesem langweiligen Verdauungsspaziergang gehen die Kinder ihren Beschäftigungen nach – Klavier-, Geigen- oder Reitstunden –, und die Mutter zieht sich zu einer Lektürestunde in ihr »Boudoir« zurück. Um 22 Uhr gehen alle zu Bett, um am nächsten Morgen ausgeruht den neuen Tag zu beginnen, der mit dem vorigen identisch ist. Ein einförmiges, aber glückliches Leben.

Die fünf Geschwister verstehen sich gut untereinander. Margarethe, das einzige Mädchen, wird von den vier Brüdern nach Strich und Faden verwöhnt. Konrad, der Jüngste, muss sich anstrengen, um mit den Großen mitzuhalten. Er ist nicht besonders gut in der Schule und muss sich anhören, dass er später »höchstens Offizier« werden kann. Richard, Waldemar und Wilhelm bilden den harten Kern der Geschwister und natürlich gibt Richard den Ton an. Eines Tages baut er einen der Wohnräume in der Tiergartenstraße, das ehemalige Schlafzimmer der Dreierbande, zum »Versuchslabor« um. Richards Weg ist klar vorgezeichnet: Er will Wissenschaftler werden. Seine Eltern sind einverstanden und lassen ihm freie Hand, zumal er ein guter Schüler ist. Wilhelm dagegen gilt als Künstler in der Familie; er ist genauso begabt wie Richard, lebhaft und geistreich und ein begeisterter Musiker, auch wenn er sich eingestehen muss, dass seine Begabung nicht ausreicht, um einen Beruf daraus zu machen. Stattdessen wird er wie sein Vater und Großvater Jurist.

Und Waldemar? Seine Mutter empfindet ihn als »kalt und beherrscht«. Hat er das Zeug zu einem guten Wissenschaftler? Er selbst hält sich für »zart und empfindsam«. Also vielleicht doch lieber ein künstlerischer Beruf? Eines Tages hört er seine Mutter zu seinem Vater sagen: »Willy setzt sich mit seiner Intelligenz durch, Richard mit seinem Arbeitseifer.« Und Waldemar? Er wird sich wohl bei beiden Brüdern etwas abschauen müssen.

Unter Richards Einfluss interessiert er sich zunächst für die Naturwissenschaften. Den Eltern bleibt nicht verborgen, dass Waldemar nicht recht weiß, was er aus seinem Leben machen soll. Sie ziehen ihren Ältesten ins Vertrauen, der als Assistent bei Wilhelm Ostwald, künftiger Nobelpreisträger, anfangen soll. Waldemar folgt seinem Bruder nach Leipzig und beginnt dort ebenfalls ein Chemie- und Physikstudium. Richard hat für sich die richtige Wahl getroffen, aber Waldemar merkt schnell, dass dies nicht sein Weg ist. Er geht mit seinem Bruder nach Kiel und macht weiter, als ob er nach wie vor an seine Zukunft als Wissenschaftler glaubt, obwohl er in Wahrheit bereits mit dem Gedanken spielt, ein Jurastudium zu beginnen. Bald darauf reist Richard nach Stockholm, wo er für Svante Arrhenius arbeitet, ebenfalls künftiger Nobelpreisträger für Chemie und Begründer einer Theorie, deren Potenzial noch längst nicht ausgeschöpft ist: die Klimaerwärmung. In Schweden findet Richard seine erste internationale Anerkennung.

Waldemar dagegen ist unsicher. Auf den Wegen seines Bruders versucht er seine eigenen Interessen zu verfolgen. Schon als kleiner Junge war er in Schiffe vernarrt und hat wiederholt seine Brüder angestiftet, hinter dem Rücken der Mutter ein Boot zu mieten und über einen der Tiergartenseen zu rudern. Eine Weile spielt er sogar mit dem Gedanken, Marineoffizier zu werden, aber seine starke Kurzsichtigkeit bringt ihn schnell wieder davon ab. In Kiel lernt er segeln und weil er seinen Vater nicht dazu bewegen kann, ihm ein Boot zu kaufen, reduziert er Mittag- und Abendessen und kauft sich eines auf Kredit. Doch zu diesem Zeitpunkt hat bereits eine andere Leidenschaft von ihm Besitz ergriffen: die Fotografie.

Den ersten Fotoapparat schenkt ihm seine Großmutter mütterlicherseits, als er 16 ist, ungefähr 50 Jahre nachdem Louis Daguerre sein Erfinderpatent angemeldet und damit der Welt die Möglichkeit gegeben hat, sich in einem Spiegel zu betrachten. Die Kameras mit ihren schweren Glasplatten sind noch sehr unhandlich. Richard, wie immer auf Neues versessen, weiht ihn in diese neue Technik ein, aber es ist vor allem der jüngere Bruder Wilhelm, der Waldemar begeistert unterstützt. Willy opfert großzügig einen Teil seines Taschengelds, damit Waldemar die neue Kunst ausüben kann, und schließlich lassen sie sogar einen Geschäftsstempel für die Rückseite ihrer Fotos anfertigen: »Gebrüder Abegg – Photographie-Atelier«. Wilhelm hat Waldemar mit seiner Kunst- und Schönheitsliebe angesteckt und ihm die Bedeutung des Sehens nahegebracht.

Von jetzt an lebt Waldemar nur noch für seine neue Leidenschaft. Und weil damals ein aufgebauter Fotoapparat eine Sensation ist, so dass die halbe Stadt zusammenläuft, steht Waldemar oft schon um vier Uhr morgens auf, um ungestört seine geliebten Schiffe im Hafen von Kiel zu fotografieren. Für die Entwicklung der Platten nimmt er die Klosetts in der Tiergartenstraße in Beschlag und treibt seinen Vater zur Verzweiflung, bis dieser schließlich zwei neue Toiletten einbauen lässt. Mit der Fotografie, die so ganz in dieses neue Jahrhundert gehört, hat Waldemar seine Berufung gefunden. Er bezahlt dafür, indem er in seiner Klasse ein paar Plätze weiter nach hinten rückt, was nicht heißt, dass er bereit ist, für sein Hobby ernstlich die Schule zu vernachlässigen. Er weiß schließlich, wie wichtig es ist, später einmal eine gute Stellung zu finden, so wie für alle jungen Männer aus seinen Kreisen. Und er handelt danach, im Vertrauen auf einen Satz, der ihm sein Leben lang als Leitmotiv dient: »Was immer du tust, tu's mit Bedacht, und verliere nie das Ziel aus den Augen.« Getreu diesem Motto entscheidet er sich, wenn auch ohne große Überzeugung, für die Sicherheit: 1892 nimmt er sein Jurastudium in Kiel auf.

Die Anfänge des Studiums sind ziemlich mühselig und seine Jura-Bücher verwendet er hauptsächlich zum »Hosenbügeln«. Die Fotografie gibt er trotzdem nicht auf. Im Gegenteil, er leistet sich sogar einen erstklassigen Apparat. Mit knapp 20 geht er für ein Semester von Kiel nach Freiburg, gerade lange genug, um einer Burschenschaft beizutreten, eine jener Studentenverbindungen, die für ihre wilden Trinkgelage und ihre Mensuren – Fechtkämpfe mit blankem Säbel – berüchtigt sind.

Durch Richard ist er bereits in Kiel mit diesen Duellen in Berührung gekommen und war damals so entsetzt, dass er einen Cognac brauchte. Trotzdem tritt er jetzt in Freiburg in ein Corps ein. Warum? Aus Einsamkeit oder aus Opportunismus, weil es wichtig ist, »dazuzugehören«, mit diesen ausgelassenen Studentenbanden umherzuziehen, die sich mit Bändern und Mützen schmücken, nur um sich dann mit dem Säbel zu duellieren? Waldemar büßt dabei ein Stück seiner Kopfhaut ein und behält eine Narbe zurück, einen »Schmiss«, an dem man damals deutsche Studenten erkennen konnte. In Straßburg, das zu diesem Zeitpunkt deutsch ist, setzt Waldemar sein Studentenleben fort, dann geht er nach Berlin, wo er 1895 sein Referendarexamen am Kammergericht besteht und mit 22 Jahren Doktor der Jurisprudenz wird. Anschließend wird er nach Sachsen versetzt und lebt die nächsten drei Jahre in Magdeburg. 1901 macht er sein zweites Staatsexamen und kann jetzt die höhere Beamtenlaufbahn einschlagen. Einige Monate später wird er nach Waldenburg in Schlesien berufen, das heute zu Polen gehört.

Waldemar hat alle Erwartungen erfüllt, die an ihn gestellt werden: Er hat sich einen guten Posten mit Aufstiegschancen gesichert. Aus der Traum, in Richards Fußstapfen zu treten. Niemals wird er wie dieser eine bahnbrechende Theorie entwickeln, die seinen Namen trägt. Oder als Marineoffizier auf den Weltmeeren kreuzen. Am schmerzlichsten aber ist für ihn das Eingeständnis, dass er niemals die Fotografie zu einem Beruf machen wird, so wie sein Zeitgenosse August Sander, der gerade ein riesiges Projekt in Angriff genommen hat: Er will seine deutschen Landsleute porträtieren – Menschen aus allen sozialen Schichten. »Menschen des 20. Jahrhunderts« nennt er seine Arbeit, ganz im Sinne der Gigantomanie des neuen Jahrhunderts, das 1900 mit der Weltausstellung in Paris eingeläutet wird. Eine Zeit der grenzenlosen Versprechungen, des ungebremsten Fortschrittsglaubens, des wiedererlangten Friedens, die später als »Belle Époque« bezeichnet wird. Dennoch zeichnen sich die Katastrophen, die bald aufeinanderfolgen werden, bereits ab.

Waldemars kleine Welt hat sich seit seiner Kindheit in der Tiergartenstraße erheblich verändert. Die Eltern sind alt geworden, Margarethe ist verheiratet und zieht ihre drei Kinder auf. Konrad, der es zum Unteroffizier gebracht hat, ist bei einem Militärmanöver tödlich verunglückt. Wilhelm arbeitet als Jurist am Oberlandesgericht Berlin, hat aber weder die Musik noch das Reiten aufgegeben, beides Leidenschaften, die er mit seiner Frau teilt. Richard ist immer noch das alte Energiebündel und stürzt sich neben seiner brillanten Wissenschafts-Karriere in 1000 andere Aktivitäten, vom Skifahren bis zur Luftfahrt, so wie der berühmte Graf Zeppelin, der im Juli 1900 zum ersten Mal mit einem Luftschiff aufsteigt. Richard ist ständig in Bewegung, ein Getriebener, der das Leben gierig in sich aufsaugt, bevor es ihn verschlingen kann. Er leistet sich sogar eine große Fernostreise und lernt Ceylon, Indien und Java kennen. Ein Abenteuer, mit dem er seinem jüngeren Bruder ein letztes Mal den Weg weist.

1905 feiert Waldemar seinen 32. Geburtstag. Er ist jetzt seit vier Jahren in Waldenburg. Einmal in der Woche besucht er Richard in Breslau, wo dieser das Chemische Institut leitet. Richard steht kurz vor der Heirat und Waldemar ist jetzt der einzige Junggeselle unter den Brüdern. Immer noch nimmt Richard ihn unter seine Fittiche, so wie früher, als er ihm einmal eine Uhr zum Einschlafen schenkte, die Carmen Sylva, der Königin von Rumänien, gehört hatte.

Waldemar fürchtet sich manchmal in der Nacht, aber er hat vor so vielem Angst im Leben. Vielleicht, weil ihn seine unerfüllten Wünsche und die lästigen Ämter plagen, die er ausfüllt, so gut er kann. Im Jahr zuvor, 1904, hat er an der schwedischen Küste seine Freude am Segeln wiederentdeckt. Und jetzt erzählt ihm sein Bruder von diesen geheimnisvollen Ländern! Waldemar spürt, dass ihm Waldenburg, und Deutschland überhaupt, zu eng wird. Es treibt ihn, seine Grenzen zu überschreiten und jene Welt kennenzulernen, die jenseits seines bequemen bürgerlichen Lebens in einem wirtschaftsstarken Land auf ihn wartet. Was nicht heißt, dass es hier keine Armut gibt – besonders in dem abgelegenen schlesischen Regierungsbezirk, wo einem Beamten in Waldemars Position die auftretenden Malariafälle nicht verborgen bleiben können. Ist das nun seine Zukunft: die Ärmel hochkrempeln und die Entwicklung dieser rückständigen Gebiete vorantreiben, eine vorgezeichnete Laufbahn als Staatsbeamter durchlaufen, einen eigenen Hausstand gründen und auf diese Weise wieder einmal die Erwartungen der Familie erfüllen? Ja, Waldemar hat genug Verantwortungsgefühl, sich später einmal all diesen Verpflichtungen zu stellen. Aber erst möchte er reisen! Sich an all diesen verheißungsvollen fernen Ländern sattsehen.

Der Gedanke an eine Reise gärt schon lange in ihm. Vor seinem zweiten Staatsexamen spricht er sogar mit dem Vater darüber, der ihm seine Einwilligung und finanzielle Unterstützung zusagt, vorausgesetzt, dass Waldemar seine Prüfungen besteht. Er besteht sogar mit Auszeichnung – *magna cum laude*. Mit dem Versprechen seines Vaters in der Tasche, kniet er sich in den ersten Jahren seiner neuen Tätigkeit in die Arbeit. Er kann ja nicht sofort abreisen! Aber in vier Jahren wird er unbezahlten Urlaub beantragen, das steht für ihn fest.

Der beste Vorwand ist natürlich eine Studienreise und Waldemar kommt auf die Idee, Material für einen Bericht über die »Umerziehung jugendlicher Straftäter« zu sammeln. Als er seinen Antrag dem Präsidenten der Provinz Schlesien vorlegt, rät ihm dieser, zuerst für sechs Monate nach Frankfurt zu gehen und an einem Institut für Sozialwissenschaft oder Nationalökonomie zu studieren. Aber Waldemar bleibt bei seinem Entschluss, redet sich heraus, obwohl er weiß, dass er auf etwas verzichtet, das seiner Karriere nützlich sein könnte: »Ich wollte, zwar nicht deutlich ausgesprochen, aber doch angedeutet, lieber etwas mehr von der Welt sehen und die Wissenschaft etwas zurückstellen«, schreibt er später. Am Ende willigt sein Vorgesetzter ein. Für Waldemar, der oft genug seine eigenen Wünsche zurückstellen musste, um die Erwartungen anderer zu erfüllen, ist diese Reise zweifellos ein erster großer Befreiungsschlag.

Im Übrigen ist seine Reiselust in der damaligen Zeit nichts Ungewöhnliches – weder für seine Familie noch für seine Vorgesetzten. Schon im 17. Jahrhundert entstand die Tradition der *Grand Tour*: Junge Männer der englischen Oberschicht bereisten Europa, um sich zu bilden, Beziehungen zu knüpfen und Anekdoten zu sammeln, die sie später bei gesellschaftlichen Anlässen zum Besten geben konnten.

Das Ziel dieser Reisen – anfangs noch auf Frankreich, Italien oder Griechenland beschränkt – bestand nicht eigentlich darin, die Welt zu »entdecken«, sich eine eigene Kultur zu schaffen, geschweige denn, seine Weltsicht zu verändern. Was zählte, war vor allem, »dort gewesen zu sein«, zu besichtigen, »was man gesehen haben musste«, um als vollendeter Gentleman dazustehen. Mit der Zeit änderte sich der Charakter der *Grand Tour*: Jetzt waren es nicht mehr nur Engländer, sondern auch Amerikaner, Franzosen oder Deutsche, die dieser Tradition folgten. Gleichzeitig wurden die Ziele weiter gesteckt: Bald wagte man sich bis nach Kleinasien vor, dann in den Fernen Osten und andere Gegenden der Welt, die man dank der neuen Transportwege unter erträglichen Bedingungen erreichen konnte. Nach und nach wurde der rein ästhetische Zugang zu den bereisten Ländern aufgegeben zugunsten eines tieferen Verständnisses der fremden Menschen und Sitten.

Als Waldemar seine eigene *Grand Tour* beginnt, kündigt sich in ihm eine neue Spezies an – die »Touristen«, die sich einige Jahrzehnte später über den ganzen Globus verbreiten sollen. Er legt Wert auf Komfort, ist aber bereit, sich bis zu einem gewissen Grad auf das Fremde einzulassen. Er bricht mit seinen eigenen Vorstellungen und Vorurteilen auf, nimmt jedoch in Kauf, dass sie hin und wieder ins Wanken geraten, und letztendlich öffnet er ein Fenster zur Welt, das nie wieder geschlossen werden kann.

Und was gibt es Besseres als die Fotografie, Waldemars alte Leidenschaft, um eine Welt damit zu bannen, die in gewisser Weise bald verschwunden sein wird? Er nimmt zwei Fotoapparate mit – eine Cewes-Klapp-Kamera der Firma Contessa, die ihm Richard schenkt, und eine Minimum Palmos von Zeiss. Er wählt eine leichte, handliche Ausrüstung, für die er unterwegs problemlos die passenden Filme finden kann.

Aber wo soll er seine Reise um die Welt beginnen, die damals schon trotz aller Fortschrittsillusion von den Konflikten gezeichnet ist, die Waldemars Zeitgenossen erschüttern werden. Im Osten vielleicht? Dort sorgt die orientalische Frage für politische Spannungen zwischen dem Deutschen Reich und dem zaristischen Russland. Niemand weiß, was wirklich vor sich geht. Im Januar soll unter der Führung von Lenin und Trotzki eine Revolution in Sankt Petersburg ausgebrochen sein. Und es heißt, dass die russische Niederlage in Korea und der Mandschurei den Zarenthron ins Wanken gebracht hat. Dabei war Russland auf dem besten Weg, den Osten zu erobern und in das Großmachtspiel einzusteigen, um, wie es heißt, Konstantinopel zu befreien und ein riesiges Reich zu errichten, ein Imperium, das von der orthodoxen Hauptstadt bis Wladiwostok und vom Golf von Bengalen bis zum Kara-Meer reichen sollte. Die fast fertiggestellte transsibirische Eisenbahn, die sich wie eine gewaltige Eisenader durch das unwirtliche Sibirien zieht, bildet die Stoßspitze.

Der Osten hebt sich als brodelnder Unruheherd ab, unberechenbar und gefährlich. Nein, lieber nicht mit dem Feuer spielen. – Also dann in entgegengesetzte Richtung, führt Waldemar seine Überlegungen fort. Frankreich? Zu nahe, so nahe wie der 1870er-Krieg, der den beiden Nationen noch in den Knochen steckt, auch wenn das Deutsche Reich siegreich daraus hervorgegangen ist. Außerdem leben die Spannungen wieder auf, seit Deutschland und Frankreich sich in der marokkanischen Frage bekämpfen. Nein, Waldemar drängt es weiter, fort aus Europa. Er will den Atlantik überqueren und den Fuß auf den amerikanischen Kontinent setzen, der für die frühen englischen Siedler »das Land der unbegrenzten Möglichkeiten« war, gefolgt von den Iren, die herkamen, um der Hungersnot zu entgehen, die ihr Land heimsuchte. Ja, jenes Amerika entdecken, dessen Grenzen durch die Eroberung des Westens immer weiter vorgerückt sind, und das »Cowboys« als Kundschafter ins Herz der Indianergebiete schickte, auf der Suche nach fruchtbarem Land oder vom Goldrausch getrieben.

Dann, im Anschluss an die Neue Welt, der Ferne Osten, jener geheimnisvolle Orient, der auf die Europäer eine so große Faszination ausübt. Und zwischen diesen beiden Welten die Ozeane, wo gefährliche Eisberge aus dem Wasser ragen und die Zeitzonen durcheinandergeraten, wo man die Erde vergisst …

Damals, an der Schwelle des 20. Jahrhunderts, ist Waldemar als Entdecker schon fast ein Anachronismus, aber mit seinen Fotografien schafft er etwas Einzigartiges. Er schärft den Blick für Entwicklungen, im Kleinen wie im Großen, die sich unter der bloßen Oberfläche der Dinge abzeichnen. Und vor allem leuchtet er mit seinen Bildern »die Grauzone zwischen Geschichte und Erinnerung« aus, wie der Historiker Eric Hobsbawm es nennt, jenes »zeitliche Niemandsland« zwischen der großen Weltgeschichte und unseren persönlichen Erinnerungen. Darin liegt die ganze Kraft des »Bildberichts«, den Waldemar Abegg vor über einem Jahrhundert anfertigte – ein anonymer Beamter, der eines Tages seine beiden Fotoapparate einpackte und die Welt von gestern fotografierte.

April 1905. Die lang ersehnte Abreise rückt näher. Jules Verne, der gute Stern aus Waldemars Kindertagen, ist erloschen. Ein Omen vielleicht? Für Waldemar wird es jedenfalls Zeit, dem Helden seiner Kindheit zu folgen und selbst eine große Reise zu wagen, auch wenn er das Ganze von hinten aufrollt. Und wer weiß, vielleicht wird sogar ein Buch daraus …

Dieses Buch hat Waldemar nie geschrieben, obwohl ihm weder die Lust noch das Material dazu fehlten. Was ihm fehlte, waren die Worte, denn seine Sprache war vor allem die Fotografie. Er zwingt sich, seine Reiseeindrücke aufzuschreiben – und verliert prompt seine Tagebücher … Fast, als hätten sich die Bilder mit Gewalt durchgesetzt, als habe ihm die Neuheit dieser Erfindung das Recht verliehen, die Worte aufzugeben. Allerdings tauchen sie 50 Jahre später wieder auf, als der inzwischen über 80-Jährige die Erinnerungen an die *Grand Tour* seiner Jugend noch einmal ausgräbt. Und so spricht die Stimme des jungen Reisenden aus den Anekdoten zu uns, die in den vorliegenden Bericht eingestreut sind. In gewisser Weise rächt sich also die verloren gegangene Welt.

Der Atlantische Ozean

Wenn der Horizont sich weitet

Bremen 1905, nur ein paar Seemeilen von der Nordsee entfernt. Es ist April und an diesem Morgen zeigen sich die ersten Vorboten des Frühlings in der Stadt an der Weser, deren Fluten nicht weit davon ins Meer münden und sich mit den Gewässern der Nordsee vermischen.

Aber die Reise beginnt mit der Bahn, die Waldemar in das etwa 60 Kilometer entfernte Bremerhaven bringt. Es ist ein Sonderzug für die Reichen und Privilegierten, die wie er als Erste-Klasse-Passagiere auf dem Dampfer *Barbarossa* reisen. Ironischerweise ist »Barbarossa« der Name der Militäroperation, die das Dritte Reich im Juni 1941 gegen die Sowjetunion lanciert. Doch im Augenblick gibt sich Barbarossa noch friedlich: ein 10 000-Tonnen-Schiff der Reederei Lloyd, das Waldemar den Expressschiffen vorzieht, die nicht nur teurer, sondern auch kleiner sind. Er legt nun einmal Wert auf Komfort. Zumal er sich so entschieden nach Westen gewandt hat – ganz anders als die »Operation Barbarossa«. »Bei der Überlegung, wie meine Reise um die Erde anzupacken wäre, bin ich davon ausgegangen, dass die große Zahl der Globetrotter von Deutschland nach dem Osten herum um die Erde reist. Da man nun Indien im Winter zu sehen wünscht, Japan zur Kirschblüte, so ergibt sich für den damals schon großen Strom solcher Reisenden, dass man nach Osten reisend immer in voll besetzten Schiffen, in voll besetzten Hotels und in großer Menschenmenge reist, auch wenn man ihr nicht unmittelbar angeschlossen war. Reiste man aber nach Westen herum, so waren in der Regel Schiffe, Eisenbahnen und Hotels verhältnismäßig leer und man traf natürlich irgendwo in der Welt eines Tages den großen in entgegengesetzter Richtung steuernden Strom von Reisenden.« Wir wissen nicht, ob Waldemars Überlegungen tatsächlich aufgingen, aber zumindest geht daraus hervor, dass es bereits damals »Touristen« gab, die ihren Landsleuten möglichst aus dem Weg zu gehen versuchten. Was Waldemar später nicht daran hindert, Japan wie alle anderen doch auch im Frühjahr zu besuchen.

Vorerst aber steigt er in Bremerhaven aus dem Zug, wo die Reisenden der Abfahrt entgegenfiebern. Als Waldemar den Fluss mit seinem Feldstecher absucht, sieht er, wie das Schiff sich aufs Meer hinaus entfernt. Kein Wunder, dass die Passagiere leicht nervös bei dem Gedanken werden, es könnte ohne sie abfahren! Aber sie sind schnell wieder beruhigt, als man ihnen erklärt, dass das Schiff nur in tieferem Wasser ankere, weil sich der Wasserspiegel gesenkt habe. Die Passagiere werden später mit einem Tender hinübergebracht und so ergibt sich die Gelegenheit zu Diskussionen und Austausch. Die Glücklichen aus der ersten Klasse erhaschen einen Blick auf die vielen Menschen, die sich in der zweiten und dritten Klasse zusammendrängen müssen. Aber wer sind diese Leute?

Der unerwartete Tumult auf den Kais reißt Waldemar in die Wirklichkeit zurück. Trotz aller Abenteuerlust sind seine Gedanken nicht ganz frei von Angst, jetzt, wo die Reise so kurz bevorsteht. »Die letzte Nacht in Bremen stand unter einem sonderlichen Gefühl. Ich hatte mich von Haus und Familie verabschiedet und sollte nun ein Jahr lang irgendwo in der Welt unbekannten Ortes herumreisen. Die Romantik einer solchen Reise ist natürlich überwältigend.« Ob ihm klar ist, dass die sanfte Wehmut, die ihn bereits erfasst hat, geradezu harmlos ist, verglichen mit der Not und dem Elend der Menschenmassen, die sich auf den Anlegebrücken zusammendrängen? Viele von ihnen – Männer im schäbigen Gehrock, Frauen im

Am 15. April 1905 bricht Waldemar Abegg an Bord der *Barbarossa* in die Neue Welt auf. Für die einen eine Vergnügungsreise, für andere die Hoffnung auf ein besseres Leben …

weißen Kopftuch, blasse, schmächtige Kinder – sind vor den Pogromen in Russland und Polen geflüchtet. Die nun einsetzende Einwanderungswelle wird lange nicht abreißen. In den unteren Schiffsetagen träumen diese jüdischen Auswanderer von Amerika, dem Land der Freiheit, wo sie endlich ihre jahrhundertealte Last ablegen können, die Angst vor den Verfolgungen, die in Europa immer wieder neu aufflammen. Der Frühling in Bremen nimmt für sie die Farbe der Hoffnung an auf ihrem Weg in die Neue Welt. Waldemar Abegg beginnt seine Reise Seite an Seite mit ihnen, ohne einen Gedanken an ihre Lage zu verschwenden. Sie bleiben in seinen Aufzeichnungen unerwähnt. Und wieder stellt sich die bohrende Frage, die wir nach so langer Zeit in aller Ruhe beantworten können: Und wir? Hätten *wir* uns die Mühe gemacht, zu verstehen, was vor sich geht, mit diesen Menschen zu sprechen, die nicht hier waren, um die Welt zu sehen, sondern um ihr nacktes Leben zu retten? Touristen reisen gern mit leichtem Gepäck. Und manchmal legen sie auch ihr Gewissen ab, ihr Mitgefühl gegenüber anderen, ihr Nachdenken über die Welt, die ihnen begegnet. Aber Reisen bewirkt auch, dass unsere Scheuklappen hin und wieder einen Spaltbreit gelüftet werden. Waldemar lernt im Lauf der Zeit, genauer hinzusehen, auch wenn er vorerst noch ohne Gewissensbisse das Prestige und den Komfort genießt, der einem Passagier seines »Rangs« zusteht.

»Sobald man an Bord kommt, war mir von Erfahrenen geraten worden, geht man sofort zum Obersteward und erkundigt sich nach der Tischordnung, dann sind noch einige Änderungen möglich. Ich hatte meinen Platz neben dem zweiten Schiffsarzt, einem seebefahrenen jungen Mann, Dr. Franke.
Wenn man ein wenig aus der Menge der Passagiere hervorgehoben sein wollte und glaubte, eine einigermaßen angesehene Persönlichkeit zu sein, so machte man beim Kapitän Besuch, indem man die Visitenkarte in seine Wohnung schickte. Der Kapitän erwiderte dann den Besuch, natürlich im Salon, indem er einige Zeit sich mit dem Besucher zusammensetzte und sich mit ihm unterhielt. Auf diese Weise wurde ich mit Kapitän Langreuter bekannt, eine freundschaftliche Verbundenheit, die sich in New York noch mit mehrfachen Besuchen hin und her fortsetzte, bis die *Barbarossa* nach Deutschland wieder heimkehrte.
Durch die Tischordnung wurde ich mit zwei amerikanischen Damen gereiften Alters bekannt, an denen ich mein damals noch ziemlich bescheidenes Englisch fleißig übte. Man muss mit einer fremden Sprache vorsichtig sein. Mir passierte Folgendes: Ich traf eines Tages die eine Dame an Deck, als sie, auf ihrem Liegestuhl behaglich gebettet, den Kriminalreißer von Conan Doyle, *The Hound of the Baskervilles,* las. Ein Buch, voll von Mord und Blut.

Die Auswanderer in den unteren Decks sind auf der Flucht vor Armut und Verfolgung.

Ich sagte etwas lächelnd zu der Dame, ein solches ›blutiges‹ (*bloody*) Buch sei doch nicht schön. Ihr etwas erstaunter Blick ist mir erst später verständlich geworden. Denn das Wort ›bloody‹ ist eines der allerschlimmsten in der englischen Sprache gegenüber Damen. Dagegen ist ›damned‹ noch harmlos.«

Und Waldemar hat recht – die Englischstunden, die er vor seiner Abreise genommen hat, reichen wirklich nicht aus, um solche Feinheiten der Sprache Shakespeares zu verstehen. Lateinische Wendungen sind ihm vertrauter, so wie die Grußbotschaft in dem kurzen Telegramm, das er bei einem Zwischenstopp in Cherbourg erhält: »Salve faveque« – was ungefähr »Leb wohl, mach's gut!« bedeutet. Das Telegramm kommt von seinem Vater und seinem Bruder Richard, die sich auch gerade auf einer kleinen Reise in Italien befinden und ihm ein paar aufmunternde Worte schicken, ehe die *Barbarossa* ihre Atlantiküberquerung beginnt. Worte, die Waldemar ans Herz gehen, denn wie alle Reisenden braucht er eine Weile, um sich von seinem Alltag, von seinem Zuhause zu lösen.

»Die ersten Tage einer solchen Überfahrt ist man noch ganz mit seinen Gedanken in der Heimat und mit der Frage, was man etwa noch an Nachricht zu geben habe, was man vergessen habe und dergleichen beschäftigt. Dann folgen einige Tage, in denen man Europa hinter sich gelassen und Amerika noch nicht im Sinn hat. Das sind die genussreichsten Tage auf See.«

Gestärkt von diesem Lebenszeichen, lichtet Waldemar nun wirklich seine Anker. Als Mensch, der nie seine Bequemlichkeit aus den Augen verliert, handelt er beim Chefsteward eine Kajüte mit zwei Plätzen für sich allein aus. Jetzt ist er bereit, sich von der Weite des Horizonts aufsaugen zu lassen, die sich vor ihm öffnet. Den Fotoapparat um den Hals, hält er alles auf Zelluloid fest: die Menschen, die Wolkenbildungen, die Sonnenuntergänge und Eisberge, die in diesem Fall keine Katastrophe verursachen …

»Die Überfahrt war verhältnismäßig glatt, wir hatten nur in der Nähe von England etwas Nebel kurze Zeit, wir trafen unterwegs große Dampfer und Segelschiffe und schließlich gerieten wir in die damals noch sehr starken Felder von Eisbergen, die wir auch nahebei schön zu Gesicht bekamen. So ein Eisberg mit seiner grün-blauen Farbe ist ein schöner, wenn auch unerwünschter Anblick für den Seemann. Da in der Nähe der Eisberge die Luft sehr stark abkühlt und ihre Feuchtigkeit oft als Nebel niederschlägt, so waren wir gezwungen, zeitweise sehr langsam zu fahren und eine ganze Nacht lang Nebelsignale zu geben.«

Zweifellos denkt Waldemar bei der Niederschrift dieser Zeilen an den Untergang der *Titanic,* der sich fast auf den Tag genau sieben Jahre nach seiner eigenen Atlantiküberquerung ereignete. 1905 geht keine Gefahr von den Eisbergen aus, höchstens lockern sie die Eintönigkeit der Reise auf, genau wie die Schiffe, die sich selten einmal in der Ferne zeigen. Nach fast zehn Tagen auf offener See denken die Passagiere jetzt nur noch an die Neue Welt, die sie erwartet.

»Die letzten Tage schließlich wird von früh bis abends über Nordamerika gesprochen, wo man logiert, wie man mit den Zollbehörden gut auseinanderkommt, was man zuerst zu tun habe, wie es mit dem Geld sei, und diejenigen, die bereits mehrfach auf Reisen dahin gewesen sind, geben bedeutsame und authentische Ratschläge an die Anfänger auf Reisen.«

Und dann die Ankunft in New York! Am Ende der langen Atlantiküberquerung taucht die Freiheitsstatue aus dem Dunst auf und heißt die Reisenden willkommen. Das Wahrzeichen der Neuen Welt, das Frankreich den Vereinigten Staaten zur Hundertjahrfeier ihrer Unabhängigkeit geschenkt hat. Sobald die Gangways heruntergelassen und die Zollformalitäten erledigt sind, zerstreuen sich die Passagiere, die tagelang auf engstem Raum zusammengelebt haben. Jeder geht seinem Schicksal entgegen, mit nichts als einem Koffer in der Hand und großen Hoffnungen im Herzen. Für Waldemar ist es kein Wagnis auf Leben und Tod, sondern eine wenn auch wichtige Etappe seines Lebens, bevor er in sein vertrautes Umfeld in Deutschland zurückkehrt. Vielleicht wirft er noch einen letzten Blick auf jene Menschen, die bereits von der Stadt verschlungen werden, in der die höchsten Gebäude der Welt zum Himmel ragen. Die Einwanderer werden sich zunächst in der Lower East Side zusammendrängen, wo für die einen der Absturz beginnt, für die anderen ein steiler gesellschaftlicher Aufstieg. Im Schatten des Flatiron Building, dem Hochhaus-Wunder in Form eines Bügeleisens, ist der amerikanische Traum in unmittelbare Nähe gerückt.

26. April 1905. Die Freiheitsstatue begrüßt die Passagiere
der *Barbarossa*. Bald trennen sich ihre Wege.

Die Neue Welt

Das Land der unbegrenzten Möglichkeiten … Ein Ausdruck, in dem sich alle Träume widerspiegeln, die mit der Neuen Welt verknüpft sind. Es ist auch der Titel eines Buchs, das ein deutscher Kommerzialrat 1903 über Amerika verfasst hat. Waldemar trifft sich auf Drängen seines Vaters vor der Abreise mit dem Verfasser, Ludwig Max Goldberger. Dieser war durch seine Amerikareise 1901, die ihm eine Publikation in der damals schon berühmten *New York Times* eintrug, in Deutschland bekannt geworden, wo sein Buch ein großer Erfolg war. Waldemar erzählt nicht ohne Augenzwinkern von seiner Begegnung mit dem »großen Mann«: »In meiner Vorreisezeit in Waldenburg habe ich keine Möglichkeit gehabt, mich kulturell oder wirtschaftlich oder geistig auf die Reise, namentlich auf die USA, vorzubereiten. Es gelang nur mit Mühe, meine Sprachkenntnisse genügend zu vervollkommnen. So war das Gespräch mit Herrn Goldberger wenig ergiebig, weil der hohe Herr von mir zu wissen wünschte, was ich in Amerika vor allem wollte, und darüber konnte ich ihm nur sagen, mir schwebe vor, mich mit der Fürsorgeerziehung der Jugendlichen zu befassen. Das war nun ein Thema, das ihn gar nicht interessierte, und so wurde ich mit einer freundlichen Empfehlung an das Generalkonsulat in New York abgefertigt.« Mit anderen Worten, das Gespräch war ein Reinfall.

In Europa – oder vielmehr in der »Alten Welt« – schaut man mit großer Faszination auf Amerika. Für die Menschen des beginnenden 20. Jahrhunderts ist es das Gelobte Land, in dem man sein Glück machen kann und Zuflucht vor Verfolgung findet und dessen riesige Weiten auf Entdeckung warten. Amerika, ein Land, das seine Faszination nie verloren hat, seit Christoph Kolumbus es im 15. Jahrhundert zufällig entdeckte – der Seefahrer glaubte zunächst, er sei an der Küste Westindiens gelandet. 1905 widmet die französische Zeitschrift *Le Monde moderne* den Vereinigten Staaten mehrere Reportagen, sei es über den Goldrausch – »ein Fieber mit unabsehbaren Folgen, wie die Sprache des Sokrates, die gleichermaßen Gutes und Böses bewirkt, da sich alle Siege und Niederlagen der menschlichen Vorstellung in ihr ansammeln« – oder über den »Cowboy«, »ein mythisches Wesen, unabhängig und stolz, das für den verweichlichten Luxus der Städter nichts als Verachtung übrig hat, das keine anderen Freunde kennt als Pferd und Gewehr und in selbst gewählter Einsamkeit über die Ebenen von Nebraska und Missouri reitet«.

Die Chronisten schrecken vor keinem noch so absurden Vergleich zurück, um derartigen Klischees Nahrung zu geben. Es ist die denkbar beste Propaganda für eine Kultur, die schon lange ihren Siegeszug über die fünf Kontinente angetreten hat. Auf der Pariser Weltausstellung 1889 – als der Eiffelturm erbaut wurde – konnten die Besucher die berühmte Wild West Company von Colonel Cody bewundern, der

Eine letzte Formalität, bevor man amerikanischen Boden betritt: das Anlegen an einer der Landungsbrücken am Hudson River.

10
EDWIN DAYTON
PIER 11
METROPOLITAN STEAMSHIP LINE.
FOR BOSTON

Wahrzeichen der Neuen Welt, Vorhut des amerikanischen Traums: die berühmten Wolkenkratzer von New York.

kein anderer war als der berüchtigte Buffalo Bill. Die Kunststücke, die seine »250 Indianer, Kundschafter, Cowboys, Pioniere, Jäger und Mexikaner« zwischen der Portes des Ternes und der Porte Champerret zum Besten gaben, haben den Traum vom Wilden Westen nur noch einmal mehr angeheizt …

Als Waldemar seinen Fuß in die Vereinigten Staaten setzt, ist Amerika schon ein gutes Stück über seine eigenen Klischees hinausgewachsen. Schließlich sind über 100 Jahre vergangen, seit das Land seine Unabhängigkeit von der britischen Krone erlangte. Aber vor allem geht das »Goldene Zeitalter« zu Ende – eine Periode, die auf den Sezessionskrieg 1865 folgte und bis 1901 andauerte und von einem beispiellosen wirtschaftlichen und demografischen Wachstum geprägt war. Eisenbahn, Dampfschifffahrt, Banken, Fabriken, Bergbau, die Produktivität der Landwirtschaft – alles entwickelte sich dank des massiven Einwanderer-Zustroms in rasantem Tempo. Allerdings ist das jetzt »vereinte« Land so riesig, dass die Entwicklung nicht in alle Winkel vordringt. Aber die »Frontier« selbst, Gründungsmythos der USA und Pioniergrenze, die das Vordringen der ursprünglich europäischen Bevölkerungsgruppen in diesem größtenteils noch unbekannten Land markiert, wurde bereits 1890 aufgegeben.

Amerika ist mit voller Kraft ins 20. Jahrhundert eingetreten, aber alles, was das Land einst groß gemacht hat, lebt in den Nischen einer Modernität weiter, die bald zum Selbstzweck erhoben wird. Vergangenheit und Gegenwart durchdringen sich wie nie zuvor: Noch immer durchkämmen Goldsucher die Wüstengebiete, während geschäftstüchtige Financiers wie Rockefeller ihre Imperien aufbauen. Wolkenkratzer ragen zwischen den Gleisen der Hochbahn in den Himmel, während anderswo Reisende noch mit der Postkutsche fahren und in altmodischen Saloons absteigen. Widersprüchliche Bilder und Realitäten, die sich überlagern und von der Energie des Kontinents zeugen. Waldemar, ein unfreiwilliger Botschafter der Alten Welt, wird diesen Kontinent sechs Monate lang durchqueren. Und wenn man seine Fotos betrachtet, hat man das Gefühl, die Geburt der heutigen USA mitzuerleben.

In New York mietet er eine Privatwohnung, nachdem er ein paar Tage im Hotel logiert hat. Er geniert sich für sein schlechtes Englisch und geht jeder Möglichkeit aus dem Weg, mit New Yorkern zu sprechen – »vielleicht mehr, als es nützlich gewesen wäre«, wie er später einräumt. Die Wohnung im zweiten Stock eines Mietshauses mit einem Zimmer und vor allem einem Bad hat zumindest den Vorteil, dass er sich erfrischen kann. Schon damals wird der »Big Apple« ab dem Frühjahr von unerträglichen Hitzewellen heimgesucht.

Nachdem er sich eingerichtet hat, wandert Waldemar kreuz und quer durch die Straßen der Stadt. Zum Glück findet er auch bald die Kodakfilme, die er für seine Kamera braucht, und fotografiert, was das Zeug hält: die schönen New Yorkerinnen mit ihren *bibis*, Filzhütchen, und die Gentlemen mit ihren Strohhüten, die riesigen Bürogebäude mit den gigantischen Reklameschildern, die Spaziergänger auf der Brooklyn-Brücke, die Schiffe auf dem Hudson River. New York vibriert vor Energie, genau wie seine Einwohner. Anfangs wundert sich Waldemar, warum die Leute so in Eile sind, dass sie sich nicht einmal die Zeit nehmen, ihre Mahlzeit zu Ende zu bringen, und im Gehen weiterkauen. Bis er die Existenz des Kaugummis entdeckt …

Es gibt zwar noch Kutschen in New York – obwohl diese Transportart auf den neuen Pflasterstraßen alles andere als ein Vergnügen ist –, aber inzwischen

Im Lauf seines viermonatigen Aufenthalts erkundet Waldemar den »Big Apple«. In seinen Straßenszenen fängt er die Widersprüche der Millionenstadt ein: Zwischen den modernen Gebäuden fahren Pferdewagen …

... und am Fuß des Flatiron Building
die ersten Automobile.

Ein Familienspaziergang auf der Brooklyn Bridge.

Und hier bereits das quirlige New York, die Eleganz der Belle Epoque.

FURNITURE
BAUMANNS
CARPETS &c.
H. LITTLE & CO.
J. EHRLICH & SONS
E FREIGHT.
TO RENT
A Name You Know
Levey
GLOVES
GO TO
NEW YORK'S
4
BEAUTIFUL
THEATRES
WINES & LIQ

Eine Zeit, die vom Fortschrittsglauben und »Technik-Tourismus« geprägt ist: Waldemar fotografiert eine der ersten Hochbahnlinien.

Die Theater von Brooklyn.

Elendsquartiere und Gaslaternen, Untergrundbahn und Pferdekutschen, prunkvolle Gebäude … Zu Beginn dieses Jahrhunderts erfindet New York sich selbst.

beherrschen elektrische *tramways* und die Hochbahn das Stadtbild. Automobile sind noch so selten, dass Waldemar sofort zur Kamera greift, wenn eines im Schein einer Gaslaterne um die Ecke biegt.

Manchmal geht er zum deutschen Generalkonsulat und schüttelt einem alten Kameraden oder Verbindungsbruder die Hand und einmal trifft er Heinrich Leist, den ehemaligen deutschen Gouverneur von Kamerun, der für die grausame Behandlung seiner afrikanischen Soldaten berüchtigt ist. Aber meistens geht Waldemar, wie so oft im Lauf seiner Reise, allen gesellschaftlichen Verpflichtungen aus dem Weg. »Ich bleibe lieber für mich und meide jede Unternehmung, die zu unbequemen gesellschaftlichen Kontakten führt.«

Außerdem erinnert er sich endlich wieder an die Aufgabe, die er sich gestellt hat – seine vergleichende Studie über die »Fürsorgeerziehung von Jugendlichen«. Heute, nach über 100 Jahren, kann man den Weg ermessen, den Amerika in dieser Hinsicht zurückgelegt hat, und sich die Frage stellen, inwieweit sich das kapitalistische System überhaupt als Resozialisierungsmethode eignet …

»In New York habe ich, entsprechend meiner Absicht, mich mit der Fürsorgeerziehung der Jugend zu beschäftigen, mehrere Jugendgerichtshöfe besucht, Sitzungen mitgemacht, das Verfahren beobachtet und mir Gedanken über den Unterschied zwischen unserer preußischen Zwangserziehung der verwahrlosten Jugend und der amerikanischen sehr freien Fürsorgeerziehung gemacht.
Dieses Thema führte mich auch in einige Fürsorgeanstalten nahe New York. Vor allem fiel mir dort auf, dass sie nicht eingegittert und in keiner Weise überwacht waren, die Insassen also völlig frei hätten weggehen können. Man sagte mir, das käme so gut wie niemals vor, weil nämlich mangels Mauern und fester Gatter der Gedanke des Freiheitsverlustes gar nicht aufkommen könnte.
Interessant war die Art, wie neben manchem anderen Vorteile für gutes Verhalten vorgesehen waren. In der von mir besuchten Anstalt wurden die Zöglinge zunächst zu sechst im Zimmer untergebracht, bei gutem Verhalten vielleicht in einem Zimmer zu dritt und schließlich als besondere Prämie in einem Einzelzimmer, was sehr begehrt war. Eine etwas eigentümliche Erscheinung war ein kleines Haus im Park, nur wenige Meter hoch mit einem Oberstockwerk und Zimmerhöhen, die einen zum tiefen Bücken zwangen. Auf dieses Haus konnten die Zöglinge von ihren Ersparnissen Hypotheken nehmen, und wenn sie entlassen wurden, diese Hypotheken oder ihre größeren Eigentumsrechte an dem Haus verkaufen. So wurde ihnen in origineller Weise der Wert von Besitz und Eigentum im Kapitalismus nahegelegt.«

Die Ufer des Hudson laden zum Spaziergang ein …

… und auf dem Fluss verkehren Raddampfer.

Blick auf die imposante Brooklyn Bridge
vom East River aus.

Anscheinend sind sie nicht die Einzigen, die ihr Recht auf Privateigentum und Wohlstand wahrnehmen. Eines Tages wird Waldemar von einem der Dienstmädchen in seinem Mietshaus ein goldener Rubinring gestohlen, den ihm Richard aus Ceylon mitgebracht hat. Waldemar glaubt zunächst, er habe den Ring verloren, und setzt eine Vermisstenanzeige in die Zeitung. Kaum ist sie erschienen, bestürmen ihn andere Zeitungen, in Zukunft lieber deren Anzeigenteil zu wählen. Am Ende bringt Waldemar mit dieser Aktion seine Vermieterin gegen sich auf, die ihm vorwirft, den guten Ruf ihres Hauses zu ruinieren ... Man kann nur hoffen, dass die vielen unerwünschten Kontakte wenigstens dazu beigetragen haben, Waldemars Englisch zu verbessern.

In den ersten Monaten dient ihm New York als Stützpunkt für seine Entdeckungsreisen. Über Philadelphia, Baltimore und Washington reist er zunächst nach Virginia. In der Bundeshauptstadt fotografiert er das Weiße Haus, in dem zu diesem Zeitpunkt Theodore Roosevelt residiert. Roosevelt ist gerade wiedergewählt worden, nachdem er 1901 nach der Ermordung McKinleys durch einen Anarchisten zum ersten Mal ins Amt gekommen war. Denn diese Periode ist auch eine Zeit der Freiheitsbewegungen: In Frankreich tritt bald die anarchistische Bonnot-Bande auf den Plan. Roosevelt, der die Politik seines Vorgängers fortsetzt, treibt die Errichtung eines amerikanischen Imperiums voran, das weit über die Landesgrenzen hinausreicht und die Karibik, den Pazifik und Lateinamerika einschließt. Unter dem Vorwand, dass die Vereinigten Staaten in der ganzen Welt agieren müssten, um ihre Interessen zu verteidigen, greift er in den Konflikt zwischen Russland und Japan sowie in den Streit zwischen Frankreich und Deutschland in der marokkanischen Frage ein. Das globale Schachbrett formiert sich.

Doch innerhalb seiner Grenzen entwickelt sich Amerika zurück. Nach dem Goldenen Zeitalter, in dem die Sklaverei abgeschafft wurde und die schwarzen Amerikaner Bürgerrechte erhielten, wird die Rassentrennung eingeführt und bis in die 1960er-Jahre aufrechterhalten. In Richmond, Virginia, besichtigt Waldemar eine Kautabakfabrik. »Der südlichen Lage und der Jahreszeit entsprechend«, berichtet er, »war es drückend heiß, und so erklärte es sich, dass keine weißen Arbeiter beschäftigt schienen, sondern ich nur Neger im Werk sah. Die Neger waren der Temperatur angemessen völlig, aber auch völlig ohne Ausnahme nackt, und man sah ihnen den Schweiß in Strömen am Körper herunterfließen. Sie drückten die Tabakblätter kraftvoll an sich heran und benetzten sie mit ihrem Schweiß, ehe der Tabak der Maschine überliefert wurde.« Zeilen, die aus heutiger Sicht befremdlich erscheinen, auch wenn der Ausdruck »Neger« damals nicht unbedingt abwertend war, umgekehrt aber lässt Waldemar nicht die geringste Anteilnahme am Schicksal der Schwarzen erkennen. Diese Passage verrät einiges über die Mentalität von Waldemars Zeitgenossen und über die Lebensbedingungen der Minderheiten im viel gerühmten Amerika, einem Land, das die Freiheit zum höchsten Gut erhoben hatte.

Als Nächstes besucht Waldemar von New York aus die Niagarafälle. Als er in Buffalo, der großen Stadt am Ufer des Ontariosees, ankommt, stellt er verwundert fest, dass die Erde bebt und ein unablässiges Dröhnen in der Luft liegt. Es sind die gewaltigen, tonnenschweren Wassermassen, die 50 Meter weiter unten in die Tiefe donnern. Schon damals, zu Beginn des Jahrhunderts, sind die Niagarafälle weltberühmt

Als Waldemar genug von New York gesehen hat, reist er im Land herum. In Washington besucht er das Weiße Haus, in dem damals Theodore Roosevelt residiert.

In Ontario besichtigt er die Niagarafälle, die schon damals eine große Touristenattraktion waren.

und werden als Touristenattraktion angepriesen. Waldemar besteigt ein Schiff, das ihm die Möglichkeit bietet, das gewaltige Naturschauspiel von allen Seiten zu fotografieren. Er setzt seine Besichtigung in dem Tunnel fort, der unter den Fällen gebaut wurde. Dort staffiert man ihn mit einem Segeltuchanzug aus, der sich am Ende mit Wasser vollsaugt, und auch die versprochene Aussicht aus den Fenstern erweist sich als bittere Enttäuschung. Aber die touristische Erschließung von Naturschönheiten bringt nun einmal gewisse Ernüchterungen mit sich.

Da er sich bereits an der Grenze zu Kanada befindet, reist Waldemar ins nördliche Nachbarland. Er fährt den »gewaltigen Sankt-Lorenz-Strom« hinunter, auf dem reger Schiffsverkehr herrscht. Nach einem Umweg über Toronto legt er einen Stopp im Thousand-Isles-Gebiet ein, das ihn an die schwedischen Schäreninseln erinnert: »Diese kleinen Inseln waren meist in Privateigentum, mit mehr oder weniger schlossartigen Villen bebaut und dann natürlich mit Motorbooten und Dampfyachten versehen, um den Verkehr mit dem Ufer zu ermöglichen.« Auf der Weiterfahrt kommt er nach Montreal, das ihn aber nicht sonderlich beeindruckt, dann kehrt er über Quebec nach New York zurück. In Quebec, wo man noch »viel Französisch« spricht, lässt es Waldemar sich nicht nehmen, das berühmte Schlosshotel Frontenac zu besichtigen.

Fast vier Monate ist er nun schon in den USA und New York hat keine Geheimnisse mehr für ihn – zumindest keine, die einem vorsichtigen Reisenden wie ihm zugänglich sind. Auch in der Umgebung hat er bereits alles gesehen, was ihn interessiert. Jetzt fühlt er sich stark genug, dem »Treck nach Westen« zu folgen. Er überquert ein zweites Mal die Appalachen und kehrt danach der Ostküste den Rücken.

In den nächsten zwei Monaten besichtigt er in schneller Abfolge zahlreiche Orte, die er in seinen nachträglichen Erinnerungen kaum erwähnt: Pittsburgh, Indianapolis, Milwaukee, Dayton, Saint Louis, Saint Paul, alles Städte, die erst wenige Jahre zuvor aus dem Boden gestampft wurden. In Kentucky schaut er sich die weitläufigste Höhle der Welt, Mammoth Cave, an und in Pittsburgh eine Metallfabrik, in der er beinahe von einem gusseisernen Kessel erschlagen wird. In Dayton lässt er sich die Fertigungshallen der Cash Register Works zeigen, wo die neuen Registrierkassen hergestellt werden, Symbole des aufkommenden Kapitalismus. Waldemar ist beeindruckt von der »ungewöhnlich fortschrittlichen« Behandlung der Arbeiter. Wer eine Neuerung einführt, wird am Gewinn beteiligt, und die Fabrik selbst ist von Hohlröhren umgeben, durch die komprimierte Luft strömt, so dass die Arbeiter ihre Fahrradreifen leichter aufpumpen können. Solche Dinge begeistern Waldemar! Er teilt seine Faszination für Technik mit vielen Reisenden, in deren Augen eine Fabrik genauso sehenswert ist wie ein Naturschauspiel. Kein Wunder also, dass eine der wenigen Sehenswürdigkeiten von Chicago, die Waldemar für erwähnenswert hält, das unterirdische Gütertransportsystem ist.

Trotzdem gönnt sich Waldemar, der einmal davon träumte, Marineoffizier zu werden, eine Atempause von seinem »Techniktourismus«, als er auf dem Michigansee die originalgroßen Nachbildungen der drei Schiffe entdeckt, die Christoph Kolumbus 400 Jahre zuvor befehligte. »Wenn man diese winzigen Seeschiffe sieht, so erfasst man erst den ungeheuren Mut und die Zuversicht des Columbus, der mit solchen Fahrzeugen zu ungewissen Zielen unterwegs war.« Auch Waldemar bricht jetzt zu anderen Ufern auf, die

Später fährt er den Sankt-Lorenz-Strom bis nach Quebec hinunter. Er kommt durch das Gebiet der Thousand Isles, von denen einige bewohnt sind.

nicht weniger ungewiss sind. Wieder einmal nimmt er den Zug, um an sein Ziel zu kommen.

Es ist noch nicht so lange her, dass die Eisenbahn ins Herz des amerikanischen Kontinents vorgedrungen ist, um das riesige Gebiet zu erschließen, ein Schienennetz, das Waldemar schon ausgiebig in Anspruch genommen hat. Aber diesmal wird es eine längere Reise, weil er in schnellen Etappen die Westküste der Vereinigten Staaten erreichen will. Kaum hat der Zug Saint Louis in Missouri hinter sich gelassen, als er auch schon in einem Tunnel festsitzt. Der Qualm der Lokomotive dringt in die Waggons und den Fahrgästen wird übel. Waldemar hat Angst, dass der Zug in Brand geraten könnte: »An vieles denkt man in solchen Augenblicken«, schreibt er später, »an die eigenen Schmerzen, aber auch daran, warum man sich in derartige Situationen begeben hat, warum man die Heimat, die Eltern, die Geschwister verlassen hat, um nun in der Ferne durch einen unseligen Unfall sein Leben zu beenden.« Der Zug fährt schließlich wieder an. Aber dieser harmlose Zwischenfall bringt eine unbegründete Angst ans Tageslicht, die jeder Reisende kennt, der lange genug unterwegs war und manchmal kaum noch versteht, warum er überhaupt aufgebrochen ist! Vielleicht stellt sich bei Waldemar nach dem ersten Drittel seiner *Grand Tour* auch ein gewisser Überdruss ein, der ebenfalls nichts Ungewöhnliches ist.

Bald verzieht sich der Qualm und gibt den Blick auf den Komfort frei, den diese Züge ihren Fahrgästen bieten: Speisewagen, Panoramawagen und im Pullmanwagen Sitzbänke, die nachts in Schlafkojen verwandelt werden, nur abgetrennt durch Vorhänge. Waldemar, der immer auf seine Privatsphäre bedacht ist, schätzt diese Einrichtung gar nicht: »Es war aber doch unangenehm, sich hinter diesem Vorhang, der unmittelbar an das Bett stieß, umzuziehen und seine Kleider in kleinen Netzen aufzubewahren und in dem allgemeinen Lärm zu schlafen. Morgens begab man sich im Pyjama, die Herren nach der einen, die Damen nach der anderen Seite, in große Waschräume mit großen Waschtischen für vielleicht zehn Personen.« Waldemar hat es überlebt – trotz häufiger Verspätungen oder überstürzter Abfahrten mangels Signal und Aufenthalten mitten in der Prärie, wenn ein Zug rangieren muss, um den Gegenzug durchzulassen. Die Fahrgäste nützen dann gewöhnlich die Gelegenheit, um sich die Beine zu vertreten: »Wir mussten eines Tages eine Dame, die nicht aufgepasst hatte und neben dem anfahrenden Zug verzweifelt herlief, ohne heraufzukommen, sehr hart an den Armen anpacken und ziemlich grob heraufziehen, um sie vor dem Zurückbleiben zu bewahren.«

Etliche Schreckensmomente später erreicht Waldemar die Westküste. In Portland stellt er seine Koffer ab und gönnt sich ein paar Tage Erholung. Er genießt die Gelassenheit der Raddampfer auf dem Columbia River und das milde Klima, das von den japanischen Strömungen herrührt, die den Küstenstrich umspülen und der Stadt den Beinamen »City of Roses« eingebracht haben. Hier begegnet Waldemar auf einer Ausstellung zum ersten Mal der japanischen Kunst. Die Porzellanarbeiten und auch die Email-Kunst faszinieren ihn auf Anhieb und er notiert den Namen der Fabrikanten, um sie vielleicht auf einer der nächsten Reiseetappen aufzusuchen …

Waldemar lässt Oregon hinter sich und reist nach Idaho. Von dort aus macht er einen Abstecher zu den Twin Falls, wieder einmal auf den Spuren eines technischen Wunders. Auf der Anfahrt fällt er einem »authentischen« amerikanischen Kutscher in die Hände.

Am Ende des Sommers 1905 verlässt Waldemar die Ostküste der Vereinigten Staaten und erkundet die Städte im Landesinneren. Wie immer ist er fasziniert von den Hochbahnen, diesen Stahlungeheuern, die brutal den Stadtkern zerschneiden, wie hier in Chicago.

BORDEN'S
MALTED
MILK?
BLUE

BUILDING
LAUTZ
Acme
SOAP
C&B LINE
CLEVELAND
STEAMERS
9 P.M.
RESTAURANT

Immer noch Chicago: Gentlemen im Gehrock
und elegante Ladys im langen Kleid, die wie
vor einer Großstadtkulisse posieren.

Ankunft in Portland, Oregon. Waldemar genießt die gemächliche Dampferfahrt auf dem Columbia River ...

Auf nach Westen! Im Herbst 1905 steigt Waldemar in einen der Züge, die seit ein paar Jahren das riesige amerikanische Territorium erschließen.

»Mir war durch die Presse zur Kenntnis gelangt, dass der Shoshonafluss, oberhalb seiner beiden Fälle »Twin Falls« genannt, gestaut und mittels Kanälen auf breite Teile der bis dahin unfruchtbaren Prärie geleitet werde. Ich hörte, dass sofort ein gewaltiger Andrang dorthin von Kauflustigen eingetreten sei, die an der Umwandlung unfruchtbaren Landes zu bestem Weizenland verdienen wollten. Eine Stadt, Twin Falls genannt, sei dort bereits im Entstehen. Und die Grundstücke gingen zu täglich steigenden Preisen schnell von Hand zu Hand.
Die nächstliegende Eisenbahnstation war etwa drei bis vier Fahrstunden von meinem Ziel entfernt. Eine alte Präriepost, vierspännig, mit kräftigen Maultieren bespannt, vermittelte den Verkehr. Der Wagenkasten, vier- oder sechssitzig, hatte keine Fenster und erhielt nur Licht und Luft durch die obere Türöffnung. Ich zog es daher vor, neben den Kutscher hoch oben auf seinen Thron zu klettern, wo ich Weg und Land gut übersehen konnte. Unterwegs hatte ich weiter die Gelegenheit zu beobachten, wie der eifrig mit Kautabak beschäftigte Kutscher in unübertrefflicher Treffsicherheit seinen braunen Saft auf die Spitze der Deichsel schleuderte. Das hätte mich nicht weiter gestört, aber nun kam etwas, was gefährliche Ausmaße haben konnte. Ab und zu überzeugte sich der Kutscher von der Größe des Restes seines Genusses und ob ich wollte oder nicht, ich sah, dass er nach neuer Zufuhr griff. Mir war bekannt, dass Kautabak von den üblichen Genießern in der linken Hosentasche aufbewahrt wurde. Dort findet er die für ihn notwendige Wärme, Feuchtigkeit und ein zusätzliches Aroma. Die rechte Hosentasche ist nach alter Sitte für den Revolver frei, der damals noch oft recht lose saß.
Als ich sah, dass der Kutscher mit vieler Mühe, aber großem Eifer in seiner linken Hosentasche mir benachbart angelte, fiel mir ein, dass es alte amerikanische Sitte war, derartiges auch dem Nachbarn anzubieten. Eine Ablehnung war eine tödliche Beleidigung, die sofortige Folgen hatte. Und wieder war es eine alte Sitte, dass bei Getränken oder Essbarem der Geber zuerst kostete, gewissermaßen um zu beweisen, dass er nicht dem anderen an Leben und Gesundheit wollte.
Ich hatte vorher genügend Gelegenheit gehabt, den Mund und den umgebenden schmutzigen und ungepflegten Bart des Kutschers zu beobachten.

… und die prächtige Illuminierung, mit der einige Monumente in der »Rosenstadt« Portland ausgestattet sind.

Nach dem schönen Leben in Portland dringt
Waldemar in den mythischen Westen vor.

Der Wilde Westen lockt – und vertreibt
das Amerika der Städte.

Der Gedanke, dass er nun ein Stück von seinem Kautabak in den Mund schieben, abbeißen und ihn dann mir reichen würde, war mir schlechterdings unerträglich. Aber eine Ablehnung konnte es eigentlich nicht geben. So half mir im letzten Augenblick ein Einfall. Ich hatte allerlei Reiseproviant und Obst unter meinen Füßen, und ohne dass der Kutscher es bemerkte, stopfte ich mir schleunigst den Mund übervoll aus meinen Vorräten.
Nur einen Augenblick später geschah es, dass er sich zu mir wandte, seinen Kautabak abbiss und mir die nasse Ecke reichte. Ich wies mit verzweifeltem Achselzucken auf meinen vollen Mund hin, kaute heftig und zeigte ihm damit, dass ich seiner Güte im Augenblick nicht gewachsen sei. Ein Blick unsäglicher Verachtung traf mich, aber er wandte sich ab, wohl in dem Bewusstsein, dass bei mir kein böser Wille, sondern nur ein Zufall im Wege war, seine Freundlichkeit nicht anzunehmen. Der weitere Weg wurde in gegenseitiger Kühle zurückgelegt.
Bei der Rückfahrt, bei der ich, nun auf alles gut vorbereitet, denselben Platz später wieder einnahm, hatte ich Gelegenheit, seine urwüchsige Ausdrucksweise kennenzulernen. Er parierte nach langer Zeit seine vier Gespanne und wartete in der Absicht, den Tieren Gelegenheit zu geben zu dem, was man vorsichtig beim Menschen ›austreten‹ nennt. Als dies erfolglos blieb, schrie er: ›If you won't piss, I can't for you!‹, und fuhr entrüstet wieder los.«

Die Besichtigung des Staudamms zieht sich länger hin als vorgesehen und Waldemar ist gezwungen die Nacht über in Twin Falls City zu bleiben. Er erkundigt sich nach einem Hotel und wird zu einem »recht sonderlich aussehenden Haus« geführt, über dem das Wort »Saloon« steht. Waldemar stößt beherzt die Tür auf und trifft auf eine »Menge von Cowboys«. Sie tragen Sporen und Revolver und mustern ihn von Kopf bis Fuß – ihn, den Europäer im maßgeschneiderten Anzug. Zum Glück kommt es nicht – wie in den einschlägigen Western – zu dem üblichen Showdown und wieder einmal geht für Waldemar alles gut aus. Er verzichtet auf den Holzverschlag, den ihm der Wirt für die Nacht geben will, und erbt stattdessen das Zimmer des Saloon-Besitzers. Waldemar hat seinen Eintritt in den Wilden Westen mit Bravour gemeistert. Jetzt kann er sich weiter in das Land vorwagen und möchte vor allem den berühmten Yellowstone-Park ausgiebig erkunden.

Im Zug dorthin sitzt er sprachlos einer amerikanischen Familie gegenüber: Vater, Mutter und drei Kinder kauen pausenlos und ohne Unterlass Kaugummi, den sie nur während der Mahlzeiten ans Fensterbrett kleben, um ihn hinterher sofort wieder in den Mund zu stecken. Er lernt einen etwa gleichaltrigen Reisenden namens Humphrey kennen. Mit ihm zusammen wird er den restlichen Weg nach Wyoming zurücklegen – natürlich nur ausnahmsweise. Am Ziel angekommen, mieten sich die beiden im erstbesten Hotel ein.

Eine Postkutsche, ein Kautabak kauender Kutscher, ein Cowboy, ein verlassener Canyon: Waldemar findet die Bilder seiner Kindheit wieder.

U S
STAGE-LINE

Auf Waldemar wartet allerdings eine Überraschung: Als er zum Postkutschenbüro geht, um einen Platz zu reservieren, erfährt er, dass dies bereits geschehen sei. Erst 50 Jahre später stellt sich heraus, was hinter diesem Rätsel steckt. Aber im Augenblick interessiert ihn nur eines: Mit seinem »Freund Humphrey« und »sechs jungen Amerikanerinnen sehr lebhafter Art, wenn auch die äußere Schönheit sie nicht besonders drückte«, den Park zu besichtigen.

»Eine Welt voll Feuer und Schwefel«, wie der amerikanische Trapper John Colter nach einer Expedition im Jahre 1806 das Gebiet des späteren Yellowstone-Parks charakterisiert hat, das damals noch ausschließlich von Indianern bewohnt war. 100 Jahre liegen dazwischen, als Waldemar schreibt: »Der Yellowstone-Park mit seinen unzähligen, zum Teil riesigen kochenden Geysiren ist etwas fremdartig Wunderbares.« Er ist tief beeindruckt von dem Naturreservat, besonders als er hört, dass Präsident Roosevelt drei Jahre vor ihm dort war. Die Bilder, die Waldemar im Kopf trägt, stammen aus den Büchern von Karl May, der damals mit seinen Wildwest-Geschichten und Helden wie Winnetou und Old Shatterhand ganze Generationen beeinflusste. Dabei bezog Karl May sein Wissen ausschließlich aus Büchern – Reiseführern und Expeditionsberichten – und hatte selbst noch keinen Fuß nach Amerika gesetzt, als Waldemar staunend die Landschaften entdeckt, die ihn durch seine Kindheit begleitet haben.

Waldemar arrangiert sich wohl oder übel mit dem weiblichen Geschlecht, das ihn und seinen neuen Freund Humphrey im Personenwagen begleitet. Gemeinsam entdecken sie die Geysire (unter anderen den berühmten Old Faithful, der alle 65 Minuten hochschießt); die »Paint Pots« genannten Vulkankrater voll farbigem Schlamm, der als Anstrich für Wände dient; die Obsidianklippen aus vulkanischem Glas und die gelben Felsen, die dem Park ihren Namen gegeben haben. Den riesigen See mit seinen Wasserfällen, die reiche Flora und Fauna – und erst diese Bären, die jeden Augenblick aus dem Nichts auftauchen können! Waldemar ist ganz erschlagen. Er fotografiert wie im Rausch und nur die nahende Dämmerung kann dem ein Ende setzen.

Liegt es vielleicht an dem ästhetischen Schock, dass er auf einmal geradezu gesellig wird? Auf jeden Fall trifft man ihn mit Humphrey beim Lachsforellenfischen am Yellowstone-Lake an. Denn wie schon Alexander von Humboldt sagte, den Waldemar immer gern zitiert: »Die Welt ist überall vollkommen, wo der Mensch nicht seine Nöte hinträgt.« Die beiden Freunde fangen mühelos acht riesige Fische, die sie auf einer Mauer aus glühenden Steinen braten. Außerdem ernten sie für diesen Sport, der »für die Fische weniger erfreulich ist«, die uneingeschränkte Bewunderung ihrer amerikanischen Reisegefährtinnen. Waldemar ist trotzdem froh, als dieses Gemeinschaftserlebnis zu Ende geht. Obwohl die sechs Frauen auf ein Wiedersehen in den »Kanadischen Rockies« bestehen, wo sich ihre Wege mit denen von Waldemar kreuzen werden. Nicht jeder Einsiedler ist auch unhöflich und so willigt Waldemar kurzerhand ein.

Aber vorläufig genießt er seine wiedererlangte Freiheit und reist nach Seattle nördlich von Portland. Mit der Postkutsche durchquert er die Wüstenebenen und macht eine Bekanntschaft, die ihm auch Jahre später noch lebhaft in Erinnerung ist.

Der Old-Faithful-Geysir im Yellowstone Park: »Der treue Alte« schießt unerschütterlich alle 65 Minuten aus der Erde hervor.

Waldemar (links mit Mütze), sein »Freund Humphrey« und die jungen Amerikanerinnen, die er in Yellowstone kennenlernt und in Kanada wiedertrifft. Eine von ihnen wird Waldemar nie vergessen …

Die Naturschönheiten der Rockys faszinieren Waldemar noch viel mehr als die Städte.

»Auf der Rückfahrt von Twin Falls im Shoshonagebiet machten wir eine halbe Stunde halt, um den Zugtieren Ruhe zu gönnen. Ein alter Mann von etwa 60 Jahren schirrte die Tiere etwas ab, gab ihnen Futter und Wasser, wehrte die Fliegen, die sie anfielen, ab und half nachher wieder beim Anspannen.
Da ich nicht wusste, was ich mit dieser Pause anfangen sollte, blieb ich auf dem Kutschbock sitzen, und der alte Mann sah an meinem, der überaus ländlichen Situation ganz und gar nicht angepassten Kostüm und Mantel, dass ich ein Fremder, ein Städter, und sogar eventuell ein Europäer war.
Er sprach mich in Englisch an und fragte, ob ich Deutscher sei. Ich bejahte es, Fragen und Antworten aber blieben in englischer Sprache. Er sagte mir, er sei deutscher Herkunft, sein Vater sei ein Gymnasialdirektor in Ostpreußen gewesen. Er, als sein Sohn, sei mit seiner deutschen Frau ausgewandert. Er sei jetzt Goldwäscher, unten am Shoshonafluss, etwa eine Stunde von hier. Sie hätten seit mehr als 20 Jahren nichts von Deutschland gehört, hätten großes Heimweh und würden sehr glücklich sein, wenn ihnen jemand vom heutigen Deutschland erzählen würde. Er fragte mich, ob ich nicht meine Reise unterbrechen wolle, er könne mir in bescheidener Weise zu essen geben und eine Ecke in seiner Hütte zum Schlafen. Auf Besuch seien sie natürlich nicht eingerichtet.
Der Mann machte an sich einen durchaus guten Eindruck. Aber mir sind schnelle Umentschließungen im Leben nie leicht geworden. Ich hatte meine Reisedisposition getroffen, hatte im Schlafwagen für den Nachtzug ein Bett bestellt und das Programm für die nächsten Tage bereits festgelegt. Dann ging mir auch durch den Kopf, dass es wohl eine unverzeihliche Unvorsichtigkeit sei, mit ganz unbekannten Menschen in die Einöde zu gehen, von denen ich überhaupt nichts wusste. Die Welt war damals voll von Abenteuern und Untaten, und wenn mir dort unten am Fluss etwas passieren würde, so würde man kaum Mitleid mit mir haben, sondern höchstens über meine Vertrauensseligkeit lächeln.
Diese Erwägungen zusammen veranlassten mich, dem Mann zu sagen, dass es mir unmöglich sein, meine Reise zu unterbrechen. Es ist mir immer im Leben schwer geworden, eine vernünftig scheinende Bitte abschlagen zu müssen. Und so war es auch hier! Als wir dann abfuhren, blickte mich der Alte mit einem so traurigen Blick an, voller stiller Vorwürfe, dass ich auch heute noch etwas wie ein böses Gewissen wegen meiner Zurückhaltung ihm gegenüber habe. Es mag sein, dass ich damals eine Gelegenheit versäumte, Menschen Gutes zu tun, und mehr an mich dabei gedacht habe als an das, was im Leben doch das Höchste ist, die Liebe zu dem Nächsten.«

Aber er hütet sich, der Einladung eines Goldsuchers zu folgen, auch wenn es ein Deutscher ist.

»Ich hasse vulgäre Menschen und halte mich fern von ihnen«, schrieb Horaz und Waldemar, nie um ein Zitat verlegen, beruft sich gern auf ihn, wenn es um seine Abneigung gegen Menschenansammlungen geht. Aber die Welt der Lebenden legt es sichtlich darauf an, den unverbesserlichen Eigenbrötler auf ihre Seite zu ziehen, der im Laufe seiner vielen unfreiwilligen Begegnungen viel sensibler reagiert, als man es ihm bei seinen konventionellen Ansichten zugetraut hätte. Waldemar leidet selbst unter den Zwängen dieser Konvention und unternimmt ab und an Versuche, sich daraus zu befreien. Auch dazu ist Reisen gut.

Nach Seattle, einer der letzten Städte im äußersten Nordwesten des Landes, macht er einen zweiten Abstecher nach Kanada, dieses Mal in den englischsprachigen Teil. Er besucht Victoria, Vancouver und nimmt erneut die Rockys in Angriff, eine Reise, »die ihresgleichen sucht«. Er ist völlig überwältigt von den Ausblicken, die ihm die Fahrt mit der kanadischen Pazifik-Eisenbahn gewährt, als er unter den hohen Gipfeln entlang rattert und die breiten Talkessel durchquert. Vor lauter Staunen vergisst er sogar zu essen und zu trinken. Er unternimmt ein paar schöne Ausflüge in die majestätischen Berge, vor allem zum Mount Macdonald, den er vom Lake Agnes aus ansteuert. Er schießt zahlreiche Fotos von den Seen, in denen sich die verschneiten Gipfel spiegeln. In Glacier, das seinen Namen zu Recht trägt, trifft er seine amerikanischen »Groupies« wieder: Waldemar ist ein Mann, der Wort hält. Er bringt zur Feier sogar eine Flasche Champagner mit. Ein paar Tage lang erkundet die kleine Gruppe gemeinsam die Region und nimmt unter anderem an einem Bootsrennen auf dem Lake Louise teil.

Doch dann naht der endgültige Abschied: Die jungen Amerikanerinnen reisen nach Osten weiter, während Waldemar seinem Treck nach Westen folgt. Visitenkarten werden ausgetauscht und der steife Preuße, eben noch so distanziert, spricht plötzlich voll Wehmut von seinen Begleiterinnen, von denen er »in liebenswürdigster Weise betreut, gefördert, in der Sprache unterrichtet und verwöhnt worden war«. Zum Dank überreicht er jeder von ihnen eine Schachtel Pralinen und küsst jeder »nach deutscher – in den USA allerdings nicht angebrachter – Sitte zum Abschied die Hand«. In Amerika komme ein solcher Kuss einem Heiratsantrag gleich, wird ihm gesagt, und er könne sogar bestraft werden, wenn er sein Versprechen nicht einhalte. Als »guter Jurist« windet sich Waldemar jedoch aus dieser Situation heraus – ein gleich sechsfacher Kuss mache das Heiratsversprechen in gewisser Weise zunichte.

Es kann sehr beschwerlich sein, die Abfahrt des Zuges zu verpassen …

50 Jahre später, als der inzwischen 80-jährige Waldemar seine Erinnerungen durchsieht, kommt er auf die, wie er schreibt, »scheinbar merkwürdige Idee«, die Adressen der Amerikanerinnen auszugraben und an drei von ihnen, die Pooke-Schwestern, zu schreiben. – Er erhält tatsächlich eine Antwort! Die älteste, ungefähr sein Jahrgang, greift zur Feder. Sie hat nie geheiratet und ist mehrmals mit dem Schiff um die Welt gereist, so dass sie »einen großen Teil unserer Erdkugel aus ruhigeren und beschaulichen Zeiten« kennt. Sie erinnert sich noch gut an Waldemar und löst endlich das Rätsel, wie er damals, vor einem halben Jahrhundert, zu seinem Platz in der Kutsche gekommen war, ohne einen Finger zu rühren. Als er nämlich mit seinem Freund Humphrey im Zug saß, war er von den jungen Mädchen im Nebenabteil belauscht worden, und sie hatten spontan den Entschluss gefasst, den deutschen Globetrotter »einzufangen, weil man viel von ihm erfahren könnte«. Dies ist der Beginn einer regelmäßigen Korrespondenz, in der die beiden betagten Reisenden über den Lauf der Welt und vergangene Zeiten diskutieren: »Es ist ein eigentümlicher Zustand, dass wir beiden uralten Freunde im späten Alter uns wenigstens im Briefverkehr wiedergefunden haben. Irgendwelche tieferen Gefühle haben, wenigstens meinerseits, dieser Freundschaft nicht zugrunde gelegen.«

In der Tat hat Waldemar damals, 1905, auch ganz andere Interessen und lässt sich auf keinen engeren Kontakt mit den jungen Frauen ein. Also setzt er seinen Weg fort, überlässt seine Gefährtinnen ihrem Schicksal und wendet sich der südlichen Westküste zu. Dort besichtigt er Los Angeles und Santa Barbara und macht dann noch einen Abstecher nach Arizona.

»Das größte Wunder ist die erschütternde Größe des bunten und unendlich großen Great Canyon in Arizona.« Es ist Oktober, als Waldemar dort eintrifft, und er kann sich in aller Ruhe in das Schauspiel vertiefen. Die Unterkünfte sind praktisch leer. Er wandert die Pfade hinauf, über die er zum Colorado River unten in der Tiefe gelangen kann, und trifft unterwegs auf Cowboys. Aber er würde gern indianische Dörfer besuchen und reist zu diesem Zweck nach Santa Fe in New Mexico. Dort mietet er sich am Ufer des Rio Grande in einer Herberge ein, wo er einen »echten« Indianer kennenlernt, einen etwa 20-jährigen jungen Mann. Dieser läuft aber »nicht mit einem Tomahawk an der Seite und dem Skalpiermesser an der anderen Seite« herum, wie Waldemar ironisch versichert, geschweige denn mit »dem Federbusch auf dem Kopf«, sondern »war nach amerikanischer Sitte einfach von der Stange gekleidet«. Waldemar relativiert die Klischees seiner Zeitgenossen und letztlich auch seine eigene Vorstellungen, die er aus der Karl-May-Lektüre übernommen hat.

Er befreundet sich mit dem jungen Puebloindianer, der ihn als Guide begleitet. Unter seiner Führung kommt er zu den Dörfern und traditionellen Häusern, die er fotografieren möchte, auch wenn es am Ende böses Blut gibt, weil die Bewohner enttäuscht sind, dass er keinen einzigen Cent für die Abzüge bezahlen will. Die negativen Folgen des Tourismus machen sich hier bereits bemerkbar. Waldemar lässt sich jedoch nicht aus der Ruhe bringen: Sein indianischer Guide besitzt einen »Revolver von erstaunlicher Dimension« und er selbst führt eine »kleine Browning« mit. In der Minderzahl seien die Pueblos nicht gefährlich, beruhigt ihn der Indianer.

Nach der Rückkehr von dem Ausflug spielt Waldemar mit dem Gedanken, den Indianer als Diener mit nach Deutschland zu nehmen. Er tut dies nicht aus

Ein schwedischer Saloon in den kanadischen Rockys …

THE GROVE
SALOON.
COOL BEER.
SVANSKA
GASTGIVAREGARDEN
CLUB ROOM. CARL J. JOHNSON, Prop.
AT ALL HOURS
GRAHAM'S
MEALS. 25 cts
LODGING
25 and 35 cts

… die, wie Waldemar gesteht, »ein einzigartiges Reiseabenteuer« darstellen.

einem exzentrischen Gefühl heraus, er will den Jungen um sich haben, weil dieser eine »besonders nette, gefällige Art« hat und »genügend amerikanisiert« ist. Er selbst ist frei und unverheiratet. Nachdem er dem Jungen mühsam erklärt hat, »welche Dienstpflichten er bei mir als Junggesellen mit eingerichteter Wohnung haben werde«, verspricht Waldemar, ihm von Deutschland aus das Reisegeld zu schicken und ihn nachkommen zu lassen – er könne jederzeit zurückkehren, wenn es ihm nicht gefalle. Selbstverständlich würde er ihm auch die Rückreise bezahlen: »Man darf nicht vergessen, dass damals das Reisen verhältnismäßig billig war.« Aber zum Glück denkt Waldemar noch einmal darüber nach. »Die Schwierigkeit und die Unnatur eines solchen Dienerverhältnisses eines Menschen fremder Rasse und fremder Sprache in Deutschland ist mir dann erst allmählich klar geworden. Wie sollte der Mann irgendwie Verbindung mit anderen bekommen, wie sollte er sich verständigen, wie sollte er die viel weniger freiheitlichen Verhältnisse in Deutschland ertragen?« Damit »endigte dieser Plan«. Waldemar hat sein Herz sprechen lassen – offenbar befreit ihn die lange Reise mehr und mehr von den Fesseln der Konvention.

Von Santa Fe aus reist er nach Denver in Colorado weiter und lernt dort den Richter Ben Lindsay kennen, berühmt für seine liberalen Methoden in der »Fürsorgeerziehung«. Ein komischer Kauz, dieser Richter: Er ist klein und stämmig, von unwiderstehlichem Charme, und erklärt dem deutschen Juristen mit blitzenden Augen, dass er die Jugendlichen in offene Einrichtungen schicke – wie die, die Waldemar in New York besichtigt hat. Um dorthin zu kommen gäbe er ihnen das nötige Reisegeld. »Auf meine erstaunte Frage, ob denn jemals einer dieser Jugendlichen im Heim angekommen wäre, erhielt ich die Antwort, nicht ein Einziger von Hunderten sei nicht angekommen.«

Als Nächstes steht San Francisco auf Waldemars Programm, die letzte große Stadt seiner amerikanischen Reise. Er trifft am 2. November 1905 dort ein und steigt im Hotel San Francis ab, einem »turmartigen Hochhaus«, wo er ein Zimmer im zehnten Stock bewohnt. Die Tage in der Neuen Welt sind gezählt – bald wird er abreisen, um einen Teil der Alten zu erkunden. Er nutzt die Zeit, besichtigt, so viel er kann, und genießt die Aussicht auf den Ozean, an dessen Ufern das Cliff House Hotel thront. Das Gebäude wurde 1863 errichtet, aber 1894 durch einen Brand zerstört und in pompösem Stil nach dem Vorbild französischer Schlossarchitektur wieder aufgebaut. Der Anblick mag noch so surreal, ja unheimlich sein – unter dem Ansturm der Touristen, die im Badekostüm an den Strand strömen, um es zu bewundern, wirkt es geradezu zerbrechlich.

In San Francisco, damals schon eine internationale Stadt, gibt es eine der ersten Chinatowns der Welt. 1849 zählt man 54 Chinesen in Kalifornien, Ende 1851 sind es bereits 4000. Im folgenden Jahr siedeln sich 20000 Kantonesen an der amerikanischen Westküste an, nachdem sie ihr Land verlassen mussten, das von wiederholten Revolten, wie dem Taiping-Aufstand, verwüstet wurde. 1860 sind bereits über 41000 Chinesen nach Amerika ausgewandert. Allerdings werden sie von den Amerikanern – oder vielmehr den amerikanisierten Europäern – keineswegs so freundlich aufgenommen, wie oft suggeriert wird. In San Francisco steht Chinatown jedenfalls schon auf der Sightseeing-Tour und die Touristen werden scharenweise, wenn auch mit strengen Sicherheitsmaßnahmen, dorthin gekarrt.

Im Oktober 1905 erwartet ihn das nächste ästhetische Ereignis: der Grand Canyon.

In dieser »farbenprächtigen, riesigen« Landschaft ist der amerikanische Mythos zum Greifen nahe.

Waldemar, der nach wie vor kein Herdenmensch ist, engagiert einen persönlichen Guide und ist entsetzt, als dieser rücksichtslos in die Wohnung einer Immigrantenfamilie eindringt. Die Chinesen sind daran gewöhnt, dass sie von den Amerikanern schlecht behandelt werden, und nehmen deshalb keinen Anstoß daran. Aber Waldemar findet dieses Verhalten unerträglich. Als sein Guide den Fehler wiedergutmachen will und ihn in ein Bordell führt, platzt ihm endgültig der Kragen.

Quasi im letzten Moment vor seiner Abreise aus Amerika enthüllt sich das Elend der Neuen Welt in seiner ganzen Drastik und zugleich zeigt sich, um wie viel menschlicher Waldemars Reaktionen im Lauf der Reise geworden sind. Um auf andere Gedanken zu kommen, unternimmt er vor seinem endgültigen Aufbruch noch einen letzten Ausflug in den Yosemite-Nationalpark …

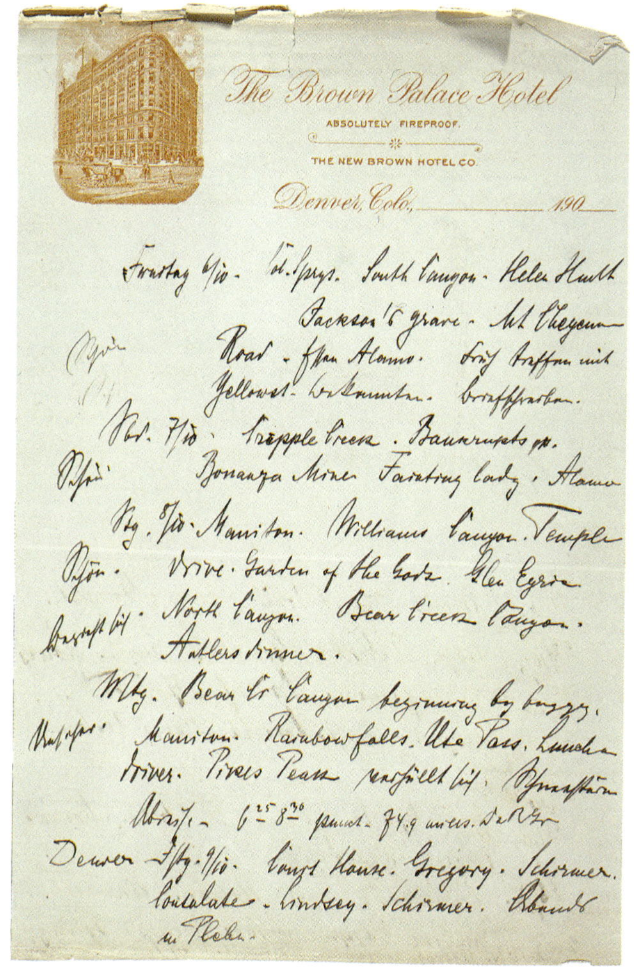
The Brown Palace Hotel
ABSOLUTELY FIREPROOF.
THE NEW BROWN HOTEL CO.
Denver, Colo., 190

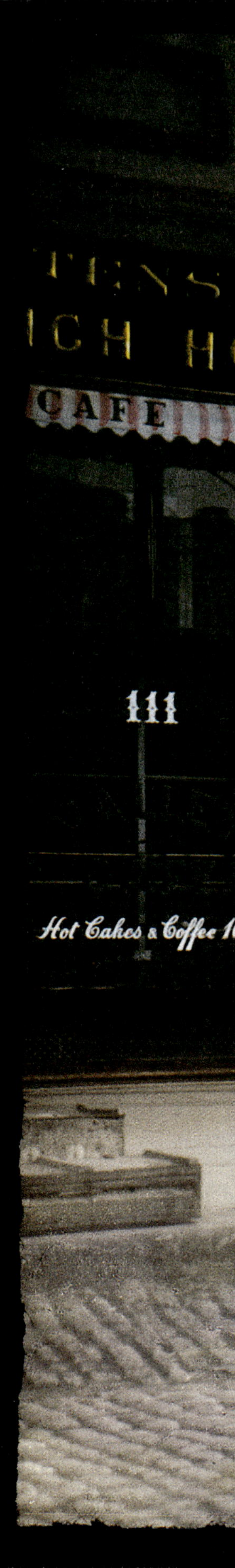

Von Denver, Colorado, reist Waldemar nach San Francisco, wo sein amerikanisches Abenteuer zu Ende geht. Es ist fast sechs Monate her, seit er Deutschland verlassen hat.

BRICATING OILS &
PATRONIZE PACIFIC COAST INDUSTRY!
TAMM & NOLAN COMPANY
CARRIAGE & ARCHITECTURAL VARNISHES.
NOTHING BETTER CAN BE MADE!
117
FOR SALE
CHOICE HOLDING
C.H. UMBSEN & CO.
20 MONTGOMERY ST.
COFFEE AND LUNCH HOUSE
OUR MOTTO
The Best the Market Produces
TRAVELERS LUNCHES PUT UP ON SHORT NOTICE
COMRADES "FOR 81 YEARS"
PAUL JONES

»Auf meinem Reiseprogramm stand noch als sehr wichtig einer der nordamerikanischen Nationalparks, das Yosemite-Tal. Ich fragte sofort im Büro der zuständigen Eisenbahngesellschaft vor, der Southern Pacific, welche Verbindung es nach Raymond, der zuständigen Station, gäbe. Es war ja spät im Jahr und keine Zeit für Vergnügungsreisende mehr. Die Auskunft war recht unsicher und ich ging ziemlich deprimiert wieder hinaus und blieb noch einen Augenblick am Schaufenster stehen, um die überaus lockenden Bilder des Yosemite-Tals zu besichtigen.
Ein gut angezogener und sympathischer Gentleman trat zu mir und fragte, ob ich wisse, wann Verbindung nach dem Yosemite-Tal sei, er müsse geschäftlich dorthin. Ich verneinte seine Frage. Darauf sagte er enttäuscht: ›Dann bleibt nichts übrig, als dass ich direkt zum Präsidenten der Eisenbahngesellschaft gehe, zu dem ich ein Einführungsschreiben habe, und um irgendeine Gefälligkeit für den Verkehr nach dem Tal bitte.‹
Als ich mich von ihm trennen wollte, sagte er, ich sollte doch mitkommen, das wäre doch für mich auch wichtig. Ich sagte zuerst ab, weil es mir nicht lag, Gefälligkeiten von Fremden anzunehmen, die mir überhaupt nicht verpflichtet waren. Aber schließlich wich ich seinem Zureden und ging mit ihm in das Büro des Präsidenten. In einem Geschäftshaus fanden wir die entsprechende Visitenkarte an der Tür, klingelten, fanden drei Herren dort wartend, erkundigten uns, ob der Präsident anwesend sei, und erhielten die Nachricht, er sei nicht dort, komme aber in wenigen Minuten. Wir traten ein und setzten uns. Nach kurzer Zeit ging einer der Herren mit Zeichen der Ungeduld an das Telefon, rief an und fragte die andere Seite, wann der Präsident denn endlich käme, und erklärte uns, er habe gesagt, in einer Viertelstunde. Wir warteten dann geduldig weiter und plötzlich saßen die drei Herren zusammen am Tisch und begannen Karten zu spielen.
Jetzt ging mir endlich ein Licht auf und ich dachte an einen ehrenhaften Rückzug. Kurz darauf zeigte einer der Herren ein höchst erfreuliches Gesicht, wedelte mit einem 20-Dollar-Schein in der Luft, sagte, das wäre ja leicht und gut gewonnen. Mein Begleiter, der sich mir unter dem seltenen Namen Meier vorgestellt hatte, trat nun an den Tisch heran und blickte über die Schultern auf das Spiel. Dann kam er zu mir und erklärte, das sei eine einfache und augenscheinlich sehr lohnende Sache, und wir sollten auch einmal setzen.
Ich wusste aber nun, dass ich in eine Gruppe von Spielern verschleppt war, man nennt sie in Berlin ›Kümmelblättchen-Spieler‹, und sagte, dass ich grundsätzlich nicht Karten spiele. Herr Meier trat wieder an den Tisch heran, setzte, gewann scheinbar zehn Dollar und erklärte, er

Wie eine Vision ragt das Cliff House Hotel auf, ein grandioses Gebäude im Stil französischer Schlossarchitektur. Es übersteht das Erdbeben von 1906, wird aber im folgenden Jahr bei einem Brand zerstört.

habe die Erlaubnis, dass wir mitspielen dürften, und ich solle jetzt setzen. Als ich dieses nun sehr unwirsch ablehnte, sagte er in etwas jämmerlichem Ton, ich solle ihm doch den Gefallen tun, sonst habe er bei meiner Weigerung zehn Dollar verloren. Ich sagte ihm, allmählich nun in Hitze geratend: ›It is not my fault‹, und dazu: ›Good bye, gentlemen!‹ Als ich die Tür öffnen wollte, erwies sie sich als verschlossen.
Die Situation war recht unangenehm. Denn Herr Meier sah nun so aus, als wenn er nun keineswegs mehr mein Freund sei, und die drei anderen Gentlemen sprangen auf und hatten so etwa die Statur von kräftigen Umzugsleuten. Ich war wie gewöhnlich nur mit meiner Kamera bewaffnet. Ich tat das, was wohl zufällig das Richtige war, ich brüllte sie an: ›Open at once the door!‹ Dieser energische Ton schien doch Eindruck zu machen und einer von den feinen Herren machte sich an der Tür zu schaffen, die sich nun öffnen ließ. Ich schlüpfte hinaus und war teils beschämt, auf so einen Leim gekrochen zu sein, aber auch froh, so gut abgeschnitten zu haben.
Erst später ist mir im Gespräch mit Amerikanern klar geworden, dass San Francisco der fruchtbarste Boden für Gangster dieser und ähnlicher Art ist, weil erfahrungsgemäß der große Strom der Globetrotter, von Westen nach Osten kommend, hier Nordamerika zum ersten Mal betritt. Und so ist natürlich die Ernte der Gangster unter den vielen Reisenden recht gut.«

Am Ende kommt Waldemar doch noch zu seiner Tour im Yosemite-Tal, um die Mammutbäume, die märchenhaften Seen, die Berge, all die Symbole des mythischen Westens, zu bewundern.

Viel selbstsicherer geworden, kehrt er nach San Francisco zurück und legt sich sogar mit Betrügern von der Sorte an, die ihn vor seiner Abreise übers Ohr zu hauen versucht hatten. Manchmal spaziert er in seiner »Touristenuniform« durch die Straßen und lässt sich von »Gentlemen« ansprechen, die ihm bereitwillig ihre Hilfe anbieten, aber nur, um ihn dann zu betrügen. Waldemar macht sich einen Spaß daraus, seine Opfer hinzuhalten, und lässt sich in immer engere Gassen führen, wo der öffentliche Straßenverkehr zum Erliegen kommt. Dann beugt er sich als vermeintliches »Greenhorn« vor, zischt seinem »selbstlosen« Beschützer zu: »Can you see anything green in my eyes?«, und freut sich diebisch, dass er wieder einmal einen dieser abgebrühten Großstadt-Ganoven hereingelegt hat.

Der zugeknöpfte, mitunter ängstliche Waldemar ist nicht nur menschlicher, sondern auch mutiger geworden. Die sechs Monate in Amerika haben ihn verändert – er ist jetzt bereit für den großen Sprung nach Fernost. Vielleicht wirft er noch einen letzten Blick auf San Francisco, das wenige Monate später vollkommen zerstört sein wird. Die Stadt ahnt nichts davon, aber das Verhängnis ist unausweichlich.

Der Yosemite-Nationalpark: letzter Blick auf Amerika.

Der Pazifische Ozean

oder die aufgehobene Zeit

Am 16. November 1905 lässt Waldemar den amerikanischen Kontinent hinter sich und überquert den größten Ozean der Erde – den Pazifik –, den Magellan 1520 den »stillen Ozean« nannte, weil er auf seiner Reise zwischen dem argentinisch-chilenischen Feuerland und den Philippinen in eine Windstille geriet.

In Wahrheit hat Waldemar die Vereinigten Staaten noch nicht verlassen, weil die Hawaii-Inseln, die er ansteuert, seit 1898 amerikanisches Territorium sind, auch wenn sie erst 1959 zum 50. Bundesstaat der USA erklärt werden. Er befindet sich an Bord der *Mongolia,* einem der beiden größten amerikanischen Dampfschiffe ihrer Zeit. Diese erste Ozeanüberquerung von 4000 Kilometern ist daher wie ein sanfter, gleitender Übergang in den Fernen Osten.

Die sechs Tage auf dem Meer verlaufen im Großen und Ganzen ruhig, doch Waldemar ist gezwungen, zum ersten Mal auf der Reise seine Kabine mit zwei anderen Personen zu teilen: »Eine solche Gemeinschaft ist sehr lästig, weil auf diesen Schiffen auch für die mehreren Bewohner einer Kabine nur ein Waschtisch vorhanden ist und für jeden ein Handtuch, das ununterschiedlich immer mit den anderen wieder zusammengehängt wird, so oft man auch dem chinesischen Boy klargemacht hat, dass das eigene Handtuch besonders hängen soll.« Waldemar hat sich also doch nicht ganz verändert, kommentiert aber seine missliche Lage mit Humor: »Einer meiner Reisegefährten wurde erheblich seekrank, was weiter bedauerlich war ...«

Er atmet auf, als er am 22. November endlich in Honololu eintrifft. Ein paar Tage wohnt er im Hotel Moana, bevor er – oft auch zu Pferd – aufbricht, um die Insel Oahu zu erkunden. Er reist durch eine sehr fruchtbare Gegend, fiebert aber schon den Vulkanen entgegen, die den Archipel berühmt gemacht haben und von den Hawaiianern wie Götter verehrt werden. Im Übrigen beklagt er die »überaus starke« Amerikanisierung der Hauptinsel, »so dass es sich nicht lohnte, allzu lange dort zu bleiben«. Was er sehen will, sind vor allem die Vulkane, und zwar möglichst in Aktion. Er lässt sich zu der eigentlichen Insel Hawaii übersetzen, wo er, der ahnungslose Tourist, überredet wird, ein Schauspiel mit anzusehen, das ihm unauslöschlich in Erinnerung bleiben soll.

Am 16. November 1905 sticht die *Mongolia* in See und steuert die hawaiischen Inseln an.

»In Honolulu logierte ich in dem berühmten Moana Hotel. [...] Ich habe mit einem Selbstfahrerwagen mit elegantem Pferd Stadt und Umgebung etwas abgestreift, die herrlichen Palmengärten und einen kleinen erloschenen Vulkan unweit des Hotels. Aber die Hauptsehenswürdigkeit der Inselgruppe war der vulkanische Feuersee auf der Hauptinsel Hawaii, ein See, der ununterbrochen ungeheure Brandungswellen der kochenden Lava an seine Ufer warf und Tag und Nacht von blendender Feuerhelle strotzte. In Honolulu konnte man kaum einen Schritt gehen, ohne dass Bilder, Postkarten und Andenken an dieses großartige Naturwunder gemahnt hätten. So machte ich mich auf zu der Hauptinsel.
Die Überfahrt nach Hawaii machte ich mit einem kleinen, mit einer großen Anzahl von Rindern und allerlei anderem Vieh beladenen Dampfer, der sehr übel roch und auf dem das dauernde Angstgebrüll der Tiere sehr unangenehm war. Ich kam gegen Abend auf der Hauptinsel an, nachdem wir von dem Mauna Loa schon lange die Abstürze und alten Lavaflüsse bis zum Meer hatten verfolgen können.

Ich nahm dann einen Wagen, der mich auf halbe Höhe zu dem sogenannten Volcano Hotel unweit des riesigen Nebenkraters des Mauna Loa, des Kilauea, brachte. Ich forderte gleich ungeduldig, den Feuersee zu erblicken, zumal der Anblick ja nachts besonders großartig sein musste, und nahm mir noch abends einen Führer mit Laterne, der mich dorthin führen sollte. Der Feuersee heißt in der Sprache der Eingeborenen Halemaumau. Man versuchte im Hotel, mich von diesem nächtlichen Gang abzubringen, weil ich doch den Halemaumau am nächsten Tag auch noch sehen könnte, aber ich blieb dabei.
Der Führer, ein Eingeborener, der mich nicht und den ich nicht verstand, stolperte voran und wir gingen wohl eine gute Stunde im flackernden Laternenschein. Plötzlich blieb er stehen und wollte nicht weiter. Es war nichts zu sehen als ringsherum die schwarze Lava. Ich versuchte ihm klarzumachen, dass ich zum Halemaumau wollte. Er machte eine Bewegung, als wären wir schon da. Alle Verständigungsversuche nützten nichts und wir gingen zurück. Im Hotel beschwerte ich mich über den Misserfolg meiner Tour und dass ich von dem Feuersee nichts gesehen hätte. Darauf wurde mir erklärt, dieser Feuersee sei seit etwa zehn Jahren versunken, und es sei nur der leicht rauchende Schlund, in dem die Lava gebrodelt habe, zu sehen. Die ganzen Bilder waren also reine Reklame für Hawaii und für die Sehenswürdigkeiten der Inselgruppe gewesen.«

Von wegen unauslöschlich … Aber solche Pannen lassen sich nicht vermeiden, wenn die Natur dem Tourismus ein Schnippchen schlägt.

Waldemar reist jetzt von Hilo nach Maui weiter. Dort kann er endlich einen berühmten Vulkan besteigen, den Haleakala oder »Haus der Sonne«, der so heißt, weil der Halbgott Maui die Sonne eingefangen hat, um ihren Lauf zu bremsen … Waldemar mit seiner Vorliebe für Vulkane fotografiert ihn ausgiebig. Später kehrt er nach Honolulu zurück, um die paradiesischen Landschaften zu sehen, für die den Archipel berühmt ist, die traditionellen Langhäuser im Schatten der Kokospalmen, die Pirogen auf dem feinen, vom türkisblauen Wasser umspülten Sandstrand.

Zu Pferd erkundet Waldemar den größten Teil der Inselgruppe, die ebenso fruchtbar …

Hawaii ist für ihn ein erholsamer, wenn auch enttäuschender Zwischenstopp. Er sehnt sich nach Veränderung. Den Archipel erinnert ihn zu sehr an die USA, die er gerade hinter sich gelassen hat. Einen Monat nach seiner Ankunft lichtet er wieder die Anker und bricht ausgeruht zu neuen Abenteuern auf. Im Hafen von Honolulu wartet die *Doric,* ein englischer Dampfer der Schifffahrtsgesellschaft White-Star, deren Namen alle auf »-ic« enden, um die Identifizierung zu erleichtern. Auch das Herz der Flotte, die *Titanic,* wird einige Jahre später in dieser Tradition benannt. Man kann es als Ironie des Schicksals sehen, dass die *Doric* 1939 von der *Graf Spee,* einem deutschen Kriegsschiff, versenkt wird, aber davon ahnt Waldemar natürlich nichts. Er ist jetzt auf dem Weg in Weltgegenden, wo die Zeit stehen geblieben ist …

… wie paradiesisch ist.

»Am 16. Dezember verließ ich auf der *Doric*, etwa 10 000 Tonnen groß, die Hawaii-Inseln, um den Pazifik nach Ostasien zu überqueren.
Die Reise bietet als Seereise nur im Gegensatz zum Atlantik, dass das Wasser tiefleuchtend blau erscheint, wenn das Wetter gut ist. Wir hatten auf der etwa elftägigen Fahrt bis Yokohama immer verschiedenes Wetter, einen Tag davon ausgesprochen stürmisches Wetter mit hohen Wogen.
Die ostasiatische Besatzung des Schiffes und manches andere an Bord mutet doch sehr fremdartig an und lässt einen immer fühlen, dass man weitab von zu Hause ist. Wenn man den Längengrad passiert, so tritt dort nach allgemeiner Übereinkunft der Datumswechsel ein. Fährt man, wie ich, nach Westen, so verliert man einen Tag. Es ist ein eigentümliches Gefühl, dass man am Dienstag, den 19. Dezember, abends sich schlafen legt und am Donnerstag, den 21. Dezember, wieder aufwacht. Hier verliert man also scheinbar einen Tag seines Lebens. Wer andersherum fährt, bekommt dort in der betreffenden Woche, an der der betreffende Längengrad passiert wird, acht Tage, anstatt sieben Tage zudiktiert. Ein ebenfalls eigentümliches Gefühl.
Zum ersten Mal in meinem Leben verlebte ich das Weihnachtsfest fern vom Elternhaus. Nach an Bord herrschender englischer Sitte wurde von dem Abend des 24.12., dem uns heiligen Weihnachtsabend, keinerlei Notiz genommen. Ich lag lange Stunden bis in die Nacht hinein auf dem Liegestuhl an Deck und ließ meine Gedanken über See und Land nach Hause wandern, wohin die nötigen Briefe schon längst unterwegs waren.
Aber der 25. Dezember wurde sehr unruhig. Er begann nach dem Frühstück mit einem Gottesdienst nach englischer Art, den ein zufällig anwesender Geistlicher abhielt und in dem, anders als bei uns, sehr oft niedergekniet wurde. Dann war die Schiffsmusik vor- und nachmittags etwas auf das Feierliche abgestimmt, es waren nach englischer Sitte Mistelzweige in den Salons aufgehängt und das besonders reichliche Dinner um sechs Uhr abends, natürlich in Festkostümen, wurde dadurch noch feierlicher, dass die Schifffahrtsgesellschaft für je zwei Personen eine Flasche Sekt gratis stiftete. Das war wohl nicht ganz uneigennützig, denn natürlich folgten auf diese eine Flasche mehrere andere, die bezahlt werden mussten. Die letzten Tage auf hoher See waren noch recht stürmisch, zum Teil unangenehm bewegt, zum Teil insofern ereignisreich, als wir auf den drei Masten des großen Dampfers Segel aufsetzten.«

In den letzten Dezembertagen erreicht Waldemar die japanische Küste. Der Hafen von Yokohama ist für ihn das Tor in den Fernen Osten. Vor sieben Monaten ist er in Deutschland aufgebrochen, jetzt blättert er eine neue Seite in der Geografie der Welt von gestern um. Aber diesmal bringt er seine eigenen Erfahrungen mit.

Nach einem vierwöchigen Aufenthalt reist Waldemar mit der *Doric* nach Japan. Die Überfahrt dauert etwa zehn Tage.

Ablenkungen gibt es nur wenig.

Ende Dezember 1905: Ankunft
in Yokohama.

Der Ferne Osten

Im Hafen von Yokohama wartet schon ein japanischer Guide namens Suketoshi Nakano. Er wurde Waldemar von einem Landsmann in New York empfohlen und beginnt sogleich damit, ihm die Stadt zu zeigen. Sie fahren mit der Rikscha, einem Transportmittel, das beide für typisch asiatisch halten, obwohl es in Wahrheit die Erfindung eines hier lebenden Franzosen war.

Aber für Waldemar zählt nur, dass er endlich im sagenumwobenen Orient angekommen ist, mit all den Farben, die sich vor seinen Augen entfalten, den Geräuschen, die aus den Gassen zu ihm dringen. Geishas in traditionellen Gewändern neben Männern, die sich stolz in westlichen Anzügen präsentieren. In den vier Monaten, die er in diesem Land der Kontraste verbringt, folgt ein ästhetischer Schock auf den anderen: »Hier war nun alles fremdartig, die Natur, die Niederlassungen, die Menschen und der Verkehr.« Aber genau das ist es, was ihn anzieht.

Japan befindet sich gerade in einer Zeit des Umbruchs und Wandels, die als Meiji-Periode bezeichnet wird. Seit 1868 treibt Kaiser Mutsuhito die Öffnung seines Landes energisch voran, allerdings erst nachdem ihm dieser Entschluss 1853 von der amerikanischen Expedition unter Kommandant Perry »nahegelegt« wurde. Diese Episode hat zur Folge, dass Mutsuhito seine Politik der gezielten Abgrenzung nicht länger aufrechterhalten kann. Das Reich der aufgehenden Sonne macht eine radikale Wandlung durch, in der sich das moderne Japan ankündigt. Die Shogun-Hierarchie wird abgeschafft und die Samurai sind gezwungen, sich in den Dienst des Kaisers zu stellen oder wieder in die Landwirtschaft oder das Geschäftsleben zurückzukehren. Als Ersatz für diese Krieger gründet Mutsuhito eine moderne Armee nach deutschem Vorbild – wie in Deutschland wird ein Militärdienst eingerichtet, die Truppen werden mit Uniformen in französischem Stil ausgerüstet und mit westlichen Gewehren bewaffnet. Die neue Verfassung von 1889 tastet zwar die sakrosankte Stellung des Kaisers nicht an, sieht aber eine Gewaltenteilung mit zwei gewählten Volksversammlungen vor.

Mutsuhitos Land eilt mit Meilenstiefeln in die Zukunft und überspringt mehrere Jahrzehnte. Und weil in dieser Zeit Öffnung nach außen gleichbedeutend mit imperialistischem Expansionsgebaren ist – Europa hat sich auf diesem Feld seit Langem hervorgetan und die USA holen gerade gewaltig auf –, überfällt Japan seinen Nachbarn. Zehn Jahre zuvor hat Japan China angegriffen und die Insel Formosa, das spätere Taiwan, annektiert, sowie Kriegsreparationen und freie Hand bei der Eroberung Koreas ausgehandelt. Russland hat gerade erst die Zeche für die enorme Militarisierung des Archipels bezahlt: Innerhalb weniger Monate werden die Armeen des Zarenreichs zu Land und zu Wasser vernichtend geschlagen und Japan erhält den Süden der Insel Sachalin, Port Arthur und ein Protektorat in Korea und der südlichen Mandschurei. Mit

Das Reich der aufgehenden Sonne: Ästhetik pur.

anderen Worten, das Land, das gestern noch völlig unbekannt und isoliert war, hat mit einem spektakulären Auftritt die internationale Bühne betreten.

Als Waldemar ankommt, wird gerade der Friedensvertrag zwischen Japan und Russland unterzeichnet. Präsident Roosevelt, der die Verhandlungen überwacht, erhält bei diesem Anlass den Nobelpreis. Die Bevölkerung leidet »offenbar noch ziemlich stark unter einer Kriegspsychose«, schreibt Waldemar. Aber abgesehen von einer zum Großteil nur eingebildeten Spionageaffäre verbringt er hier unvergessliche Monate, ohne Zweifel die schönsten seiner ganzen Reise.

Das einzig Störende ist die Aufmerksamkeit, die ihm der deutsche Botschafter in Tokio entgegenbringt, denn ein gebildeter junger Reisender wie Waldemar bedeutet eine willkommene Abwechslung für Graf Arco Valley, der sich auf seinem Posten langweilt und bei jeder neuen Schiffsankunft die Passagierliste studiert. Diesmal hat er den Namen Abegg herausgefischt: Als deutscher Regierungsassessor wird Waldemar natürlich bevorzugt behandelt und am nächsten Tag zu einer Ordensverleihung eingeladen, die kein Ende nehmen will. Und der Graf denkt nicht daran, seinen Landsmann so schnell wieder entkommen zu lassen. Er bestellt ihn bei jeder Gelegenheit in die Botschaft und bietet ihm alle erdenkliche Hilfe bei seinem »Studienprojekt« an, das Waldemar nun wohl oder übel fortführen muss.

»Die Frühstücke bei Arco Valley spielten sich meist so ab, dass nach Hofsitte unendlich schnell serviert wurde. Der Gastgeber selbst aß ganz wenig und fragte immer wieder und während ich mich mit der Antwort quälte, war er mit dem Essen fertig, und es wurde von der Bedienung abserviert. A.V. war bemüht, mir bei meinen sogenannten Studien behilflich zu sein. Er hatte wohl nur soweit zugehört, dass er der Meinung war, ich studiere die Behandlung verwahrloster Jugendlicher und die gemilderte Bestrafung für sie. So kam es, dass eines Tages zu meinem Schrecken an dem Frühstück ein Ministerialrat des japanischen Justizministeriums teilnahm, dem A.V. gesagt hatte, ich sei Spezialist für seine Sachen. Die bedenkliche Folge war, dass ich nun veranlasst wurde, unter Führung eines Geheimrats das neue große Gefängnis in Tokio zu besuchen, was mich an sich gar nicht interessierte, zumal die deutschen Verhältnisse ähnlicher Art mir völlig unbekannt waren.
Ich wurde also, geleitet von diesem Ministerialrat und meinem Dolmetscher, in das Untersuchungsgefängnis geführt und eine große Masse von feierlich gekleideten Beamten folgte mir in einem großen Zug von Saal zu Saal. An einer Stelle gab es Halt und ein Harmonium spielte recht ungewandt, aber wohlmeinend ›Deutschland, Deutschland über alles‹.

Nakano, Waldemars Führer und bald auch Freund, in einer Rikscha.

Ich habe nur wenig mitgesungen und musste mir ja nun überlegen, was ich mir umgekehrt wünschte. Natürlich musste es die japanische Nationalhymne sein, die ich erbat und die dann gespielt wurde.
Ein wenig weiter kamen wir in einen großen Sitzungssaal. Rings an den Wänden entlang waren Stühle, auf die sich auf ein Signal die sehr zahlreichen Beamten niederließen, während für mich ganz allein in der Mitte des Saales ein kleiner runder Tisch mit einem einzigen Stuhl bereitstand, auf dem Tisch ein Teller mit einem Beefsteak etwa der vierfachen Größe eines Gaststätten-Beefsteaks. Neben mir mussten der Ministerialrat und mein Führer stehen. Irgendeine Ablehnung dieser Huldigung war einfach nicht tunlich. Damals sind die Japaner überzeugt gewesen, dass ein Beefsteak für einen Europäer das größte Glück wäre, was man ihm antun könnte. Ich musste also diese Riesenportion verzehren. Gott sei Dank hatte ich einen gesunden Magen und immer guten Appetit und war jung. So habe ich es fertiggebracht, alles in verhältnismäßig kurzer Zeit zu verzehren, denn diese Zeremonie durfte ja nicht allzu lange dauern. Erschwert wurde die Prozedur dadurch, dass ich ja nach jedem Bissen etwas sagen musste, ich musste Fragen stellen über die Größe des Gefängnisses, wie viele Beamte, ob auch Frauen dorthin kämen, wie durchschnittlich die Belegung sei usw.
Meist werde ich gefragt, wie lange ich hätte sitzen müssen. Mir wurden dann noch aus der eigentümlichen Sammlung des Gefängnisses Schwertklingen historischer Art und Schönheit gezeigt, die dort rein museal aufbewahrt wurden. Zur Belohnung habe ich dann die Medaille des Untersuchungsgefängnisses verliehen bekommen, die ich heute noch gern zeige.«

Eine Straße in Tokio.

Auf der Insel Kyushu verfällt Waldemar dem Zauber zweier Geishas: Kodamasan (jeweils rechts), 17 Jahre, und Yobokichi, 15 Jahre.

Graf Arco – überzeugter Monarchist und Mitglied der Thule-Gesellschaft, deren rassistisches Gedankengut später die Nazis übernehmen –, ist ein merkwürdiger und zwielichtiger Mensch. Auch wenn im Augenblick noch nichts darauf hindeutet, dass er ein paar Jahre später, 1919, den ersten Ministerpräsidenten der bayerischen Republik, Kurt Eisner, einen Freund von Rosa Luxemburg und Karl Liebknecht, auf offener Straße ermorden wird. Waldemar weiß oft kaum, wie er sich den Botschafter vom Hals halten soll, und erfindet sogar eine eilige Reise nach Korea, um ihn loszuwerden. Aber als er am nächsten Morgen sein Hotel verlassen will, um sich Tokio anzusehen, wartet der Botschafter bereits neben dem Portier und ruft, als ob nichts wäre: »Das ist ja fein, da kommen Sie doch heute wieder zu mir zum Frühstück.«

Irgendwie gelingt es Waldemar trotzdem, sich von seinem aufdringlichen Mäzen loszueisen. Und vielleicht verdankt er ihm sogar ein paar schöne Ausflüge zur Inselgruppe, weil er notgedrungen so oft wie möglich aus Tokio flüchtet. In Nakano hat er einen wertvollen Reiseführer gefunden. Der junge Japaner ist intelligent und gebildet, er spricht perfekt Deutsch und Englisch, kommt aber aus bescheidenen Verhältnissen und musste sein Studium abbrechen, um seine Familie zu ernähren. Obwohl er sonst nicht gerade zu spontanen Gefühlsäußerungen neigt, betrachtet Waldemar ihn bald als echten Freund.

Auf seiner Entdeckungsreise durch Japan wird für ihn in erster Linie die Kunst ein Leitfaden sein. Waldemar ist tief beeindruckt von der Meisterschaft japanischer Künstler in den unterschiedlichsten Gestaltungsbereichen. Eine Faszination, die er mit westlichen Zeitgenossen teilt, die seit einigen Jahren auf den »Japonismus« schwören, ein Begriff, der von einem französischen Sammler geprägt wurde. Die japanische Kunst hat zweifellos als Erstes alle Grenzen überwunden und wird von den europäischen Künstlern begeistert aufgenommen. Rodin, Monet oder van Gogh entdecken Utamaro, Hokusai, Hiroshige und andere Holzschnittkünstler, die von den »Szenen der fließenden Welt« inspiriert sind, dem *ukiyo-e,* das sie in den »Vergnügungsvierteln« studieren.

Dank Nakano findet Waldemar Zugang zu dieser reichen, komplexen Welt der japanischen Kunst. Ohne ihn hätte er sich mit den Werken zufrieden geben müssen, die Fremden sonst vorgelegt werden – sehenswerte Arbeiten zwar, aber von geringerer Qualität. Mit Nakanos Hilfe entdeckt er die Lackkunst, den Damaszenerstahl, aus dem Messerklingen geschmiedet werden, Bronzearbeiten, Craquelé-Porzellan und die rustikale Töpferkunst, von der sich Rodin inspirieren ließ, außerdem Seidenmalerei und Elfenbeinskulpturen. Waldemar ist so begeistert, dass ihn die »Leidenschaft, Kunstwerke anzukaufen« packt, ohne an »seinen Kreditbrief« zu denken. Zum Glück steht ihm Nakano zur Seite, berät und bremst den sonst so Vernünftigen, der angesichts dieser Kunst fast den Verstand verliert. Vielleicht weil sie einen Nerv trifft, den bereits sein Bruder Wilhelm in ihm angeregt hat.

Mit seinem neuen »japanischen Freund« macht er nicht nur gute Geschäfte, er kann auch hinter die Kulissen des Kunstbetriebes blicken. Zum Beispiel erfährt er, dass der kaiserliche Künster Namikawa, »der damals beherrschend war in Drahtcloisonné«, seinen Helfern keine feste Stundenzahl vorgibt, so dass diese manchmal zwei Tage lang gar nicht kommen, um dann wieder zwölf Stunden am Stück zu arbeiten. Man arbeite nur dann wirklich gut, »wenn man völlig der Sache hingegeben sei«, versichert der Meister. Und als Waldemar ein Räuchergefäß aus mit Goldfäden

Waldemar ist entzückt von der kargen Ausstattung der japanischen Wohnungen.

Nakano verhilft ihm zur Teilnahme an einer Teezeremonie.

Japan ist das Land, das Waldemar am tiefsten beeindruckt.

eingelegtem Email auswählt, das er sich beiseite legen lassen will, weil er nicht genug Geld in der Tasche hat, gibt ihm Namikawa das Gefäß und sagt ihm, er könne später bezahlen. Die Sache sei nämlich die, fährt er fort, dass er jeden Moment den Besuch eines englischen Prinzen erwarte, und sollte dieser ein Auge auf das Räuchergefäß werfen, sei er gezwungen, es ihm zu überlassen, und könne folglich das Versprechen nicht halten, das er ihm gegeben habe. Waldemar lernt auf diese Weise genauso viel über die japanischen Künstler wie über japanische Kunst, was sicher einiges zu seiner neuen Leidenschaft beiträgt. Der französische Schriftsteller Pierre Loti, der schon 20 Jahre zuvor von dieser Kunst schwärmte, spricht ihm aus dem Herzen: »Man vergisst Essen und Trinken darüber, man möchte nur noch den Künstlern und Kunsthandwerkern bei ihrer Arbeit zusehen und kaufen, kaufen, kaufen …«

Aber Waldemar zügelt seine Kaufwut und widmet sich ebenso den anderen Schätzen des Landes. Und im Gegensatz zu Pierre Loti vergisst er keineswegs das Essen und Trinken. Er lernt den Geschmack von rohem Fisch kennen, eine Speise, die er anfangs nur vorsichtig kostet, auf die er aber bald ganz versessen ist, besonders in Verbindung mit Reiswein – Sake –, der, heiß serviert »äußerst schnell ins Blut geht und die Stimmung sehr schleunig belebt«. Bei der traditionellen Teezeremonie, zu der er anschließend eingeladen ist, findet er dann schnell seine fünf Sinne wieder. In größeren Städten steigt er in Hotels »im sogenannten *american style*« ab, zieht aber die traditionellen japanischen Herbergen vor, die »an Sauberkeit, Romantik und Liebenswürdigkeit der Aufnahme ganz unübertrefflich« sind. Er ist sehr angetan von der Sorgfalt, mit der die Japaner ihre Holzhäuser einrichten, und bewundert die Kargheit, den spärlichen Schmuck, der nur aus ein paar Kakemonos und Ikebana-Arrangements besteht: »Man presst nicht viele Blumen, sei es gleicher, sei es verschiedener Art, zu einem Bukett zusammen in eine Vase, sondern stellt sie einzeln, vielleicht gestützt durch irgendeinen kleineren Zweig, in flache kleine Gefäße mit Wasser, wo sie in ihrer natürlichen Gestalt anmutig und eindringlich sichtbar bleiben.«

Was Waldemar allerdings am meisten schätzt, ist die Sauberkeit der Japaner, die das »Bedürfnis« haben, »den Körper mindestens einmal täglich von oben bis unten heiß zu baden«. Eine Angewohnheit, die ihm sehr entgegenkommt, zumal das Badehaus auch eine gute Gelegenheit zu kulturellem Austausch bietet …

Er entdeckt die japanische Kunst in allen ihren Aspekten.

»Einmal waren wir in einem öffentlichen Bad, wo ich natürlich sofort bemerkte, dass dort beide Geschlechter gleichzeitig zusammen badeten. Am Abend im japanischen Gasthof instruierte Nakano mich, dass es Sitte sei, mithilfe einer Bedienerin scharf abgeseift zu werden, ehe man in das von vielen nacheinander benutzte Bad einsteige. Ich zog mich aus und kurz darauf betrat eine »nesan«, ein Bedienungsmädchen, den Raum, machte in einem Kübel wohl Seifenwasser mit Seetang zurecht und bemächtigte sich meines Rückens und meiner Südseite. Als sie damit fertig war und nicht sofort hinausging, hielt ich es nach den mir bekannt gewordenen japanischen Sitten für richtig, mich umzudrehen. Mir fiel dabei auf, dass sie einen Augenblick stutzte und dann meine Vorderseite derselben Prozedur unterzog.
Später teilte mir Nakano lächelnd mit, das Mädchen habe sich ihm gegenüber geäußert, sie sei so glücklich gewesen, dass der vornehme Fremde ihr auch die Vorderseite zum Abseifen gewährt habe, was sie sonst niemals erlebt hätte. Ich musste auch lachen und dachte, wie leicht kann man manchmal einen Menschen unverhofft und ohne eigenes Opfer glücklich machen.«

Dennoch gibt Waldemar nicht jede Zurückhaltung auf und vermeidet es, die gemischten Bäder zu besuchen, wo beide Geschlechter sich gänzlich unbekleidet begegnen.

Umso erstaunlicher ist die Unvoreingenommenheit, mit der er über Kurtisanen und Geishas spricht. Er ist sich der Unterschiede zwischen ihnen wohl bewusst. Nachdem sie »angekauft« wurden, verbringen die Kurtisanen ihre Tage auf »balkonartigen Aufbauten«, hinter Holzgittern sitzend und mit den Passanten diskutierend. Waldemar hebt hervor, dass die Japaner nichts Anrüchiges an dieser Betätigung finden, die jungen Frauen die Möglichkeit gibt, ihre Familien zu unterstützen. »Ganz sonderbar« empfindet er das Fest der »Großen Kurtisanen«. Zu diesem Anlass defilieren die Berühmtesten unter ihnen durch die Straßen von Yoshiwara, dem Vergnügungsviertel Tokios – die Zähne schwarz lackiert, in kostbare Seidengewänder gehüllt und mit blitzenden Haarnadeln geschmückt. Die ganze Stadt, Erwachsene wie Kinder, strömt zu diesem eleganten Zug zusammen. Solcherart Traditionen werden unter dem Druck ausländischer Missionare nach und nach zurückgedrängt, stellt Waldemar mit einem gewissen Bedauern fest.

Die Geishas dagegen haben »gar nichts Erotisches«. Sie werden oft sehr jung gekauft und jahrelang sorgfältig ausgebildet. Wenn sie ausgelernt haben, unterhalten sie die Männer mit »künstlerischem Tanz, Musik und kluger Unterhaltung«. Im Übrigen sind es zwei Geishas, in deren Gesellschaft Waldemar »die glücklichsten Tage« seiner Reise verbringt. Als er die Stadt Beppu auf der Insel Kyushu im Süden des Archipels besichtigt, zwingt ihn das schlechte Wetter, einen Halt einzulegen. Nakano engagiert daraufhin die 17-jährige Kodamasan und die 15-jährige Yobokichi,

Die Zeremonie der »Großen Kurtisanen« mit den schwarz lackierten Zähnen im Vergnügungsviertel von Tokio.

eine *maiko*, eine Geisha-Schülerin. Fünf Tage lang tanzen die beiden Mädchen für Waldemar, musizieren für ihn, servieren ihm Essen, »so dass die Tage allzu schnell vergingen«. Er fotografiert sie ausgiebig und erinnert sich Jahrzehnte später noch genau an diese kostbaren Augenblicke:

»Das war eine reine Freude, denn wo man sie auch hinstellte oder hinsetzte, gab es ein Bild, und ich hatte nicht nötig, an der Haltung allerlei zu bessern, und habe auf dieser Weise mit einer Fülle von guten Aufnahmen der beiden Geishas eine unschätzbare Erinnerung. Sie haben mir die Tage überaus heiter und erfreulich gemacht, ohne dass ich wirklich zu schildern wüsste, womit man die ganzen Stunden ausgefüllt hat. Und es ist für mich ein eigentümlicher Eindruck, jetzt, wo ich alt bin, die Bilder meiner Gefährtinnen zu betrachten, die eine ewige Jugend vortäuschen, wo sie jetzt zwischen 60 und 70 Jahre alt und gesetzte Großmütter sein dürften.«

Fast alle Erlebnisse, die sich tief in Waldemars Gedächtnis eingegraben haben, lassen sich auf die Kunst zurückführen, von der das ganze japanische Leben durchdrungen ist, bis hinein in banale Alltagsdinge. Aber natürlich sind es auch die Landschaften, von denen er angezogen ist, die Vulkane, Seen, Flüsse, so wie sie damals noch existierten, bevor ein großer Teil des Archipels mit Städten und Autobahnen zugepflastert wurde. Das eindrucksvollste Naturschauspiel ist für ihn der berühmte Fudschijama. Wenn man die zahlreichen Fotos betrachtet, die Waldemar davon gemacht hat, glaubt man eine seltsame Übereinstimmung mit den Holzschnitten der großen japanischen Meister zu spüren, die den Fudschisan, den »Herrn Fudschi«, in allen Stimmungen abgebildet haben. Fast, als sei seine starke Verbundenheit mit diesem Land und seinen Bewohnern schließlich auf seine Filme übergegangen und hätte eine Brücke zwischen den Künsten geschlagen. Ja, dort unten ist wirklich »alles sehr fremdartig«.

Waldemars Japanaufenthalt geht im Frühling zu Ende, als die Kirschbäume blühen und ein ganzes Volk sich vor ihnen verneigt. In diesem Jahr – April 1906 – mutet das Kirschblütenfest fast wie eine Gedenkfeier für die Opfer des Erdbebens an, das San Francisco zerstört hat.

Zartfühlend, respektvoll und voller Anteilnahme ist Waldemars Haltung gegenüber den Menschen, denen er in diesem Land begegnet.

Waldemar entdeckt ein Japan, das sich gerade erst der Welt öffnet …

… immer unter der Führung des getreuen Nakano.

Freudig kehrt er den Städten den Rücken zu,
um das Land zu erkunden;

… die uralten Dörfer

… die Flüsse

… den Berg Fudschi.

Auf der Insel Honshu erinnert Waldemars Fotografie
an die japanische Holzschnitt-Kunst.

Sein Japanaufenthalt geht mit der Kirschblüte
im Frühjahr 1906 zu Ende.

Aber Waldemar ist schon wieder unterwegs – diesmal nach Korea. In Shimonoseki schifft er sich auf einem Dampfer ein und überquert die schmale Meerenge zwischen dem Archipel und dem asiatischen Kontinent. Er kreuzt an der Insel Tsushima vorbei, wo Japan im Vorjahr die russische Flotte vernichtend geschlagen hat. Daraufhin – im November 1905 – hat Japan »das Land des ruhigen Morgens« zum Protektorat erklärt und kontrolliert seither dessen Außenpolitik, Polizei und Armee, das Währungssystem und die Kommunikationsmittel. Mit anderen Worten, Korea ist schon damals gewissermaßen eine Dependance seines mächtigen Nachbarn. 1910 wird es vollends annektiert und erlangt erst durch die Niederlage Japans 1945 seine Freiheit wieder. Die Freiheit war allerdings immer gefährdet in dem kleinen Land, das lange Zeit unter dem Einfluss von China stand. Dennoch gelingt es Korea durch eine strikte Politik der Abschottung nach außen, seine kulturelle Eigenständigkeit zu wahren – was ihm den Beinamen »Eremitenland« eingebracht hat.

Waldemar nimmt sich nur zehn Tage Zeit, um mehrfach »die schöne Gegend« zu durchwandern, vorbei an »hohen Bergen, die zum Teil mit langen Mauern gekrönt waren und von verfallenen Tempeln«. Er gibt freimütig zu, dass er wenig über die Bräuche der Koreaner erfahren hat, die er als »höflich, aber still« beschreibt, als »uninteressiert und sehr passiv«. Was vielleicht daran liegt, dass die Japaner, die er gerade hinter sich gelassen hat, noch sehr präsent in seinem Herzen sind, »so lebhaft und zuvorkommend«, und dass ihm nicht nur die Aufnahmefähigkeit, sondern auch die Zeit fehlt, sich dieses neue Land zu eigen zu machen. Korea ist noch stark traumatisiert, nachdem es praktisch annektiert wurde: Zu Ehren des von den Japanern ermordeten Kaisers trägt fast die gesamte Bevölkerung Weiß, die traditionelle Trauerfarbe.

Es sind letztendlich die Fotos, die Waldemars Eindrücke vermitteln. Auf seinen Bildern – vor allem den fantastischen Panorama-Aufnahmen, die er mit einem in Japan gekauften Apparat gemacht hat – wirkt Korea wie ein Land, in dem die Zeit zum Stillstand gekommen ist. Schatten mit bizarren Hüten zum Schutz gegen die Sonne posieren inmitten der Ruinen eines Landes, das nicht mehr ihres ist.

Korea, das »Land der Morgenstille«, ist seit einigen Monaten japanisches Protektorat, als Waldemar dort eintrifft.

Die Bewohner das Landes tragen weiße Gewänder: Sie trauern um ihren Kaiser, der von den Japanern ermordet wurde.

Mit seinem in Japan gekauften Panorama-Apparat fängt Waldemar Szenen eines ausgebluteten Landes ein.

Er bewundert die Landschaften, die langen Festungsmauern, die Dörfer, aber die Koreaner erlebt er als stumm und gleichgültig.

Eines der Stadttore von Seoul.

Dieses Foto von seinem Führer und seinem Träger ist
unter Lebensgefahr entstanden: Als Waldemar ins Gras
tritt, wird er »fast« von einer Schlange gebissen.

Als Waldemar genug von seinen Wanderungen durch dieses Niemandsland hat, setzt er mit dem Schiff nach China über. Korea war letzten Endes nur eine Etappe auf dem Weg ins Reich der Mitte.

In Tientsin betritt er chinesischen Boden. Das tausendjährige Reich ist zu diesem Zeitpunkt nur noch ein Schatten seiner einstigen Pracht. Schon um die Jahrhundertwende gerät die Macht der Mandschu-Dynastie durch Bauernaufstände und den wachsenden Einfluss der Geheimbünde ins Wanken. Die reformfeindliche Kaiserin-Witwe Tseu Hi, eine Intrigantin ohnegleichen, die an Stelle ihres Neffen Kuang Xu regiert, inszeniert im Frühjahr 1900 eine Revolte, wobei sie den gefürchteten Geheimbund »Fäuste für Gerechtigkeit« für ihre Zwecke einspannt. Die »Boxer«, wie sie wegen ihrer rituellen Kampftechnik genannt werden, vergreifen sich an Ausländern und vor allem Missionaren. Tseu Hi schürt die Feindseligkeit gegenüber den westlichen Nationen, die seit den Opiumkriegen von »ungleichen Verträgen« profitieren, die ihnen enorme Machtbefugnisse sichern, vor allem das Recht, Konzessionen zu besitzen, in denen sie ihre eigenen Gesetze anwenden. Fast 200 ausländische Missionare und 32 000 zum Christentum konvertierte Chinesen werden von den Boxern umgebracht.

Der Konflikt erreicht seinen Höhepunkt, als die Boxer ausländische Gesandtschaften in der Hauptstadt angreifen und den japanischen Kanzler Sugiyama sowie den deutschen Minister Freiherr von Ketteler ermorden. Daraufhin wird eine Expedition von fast 20 000 Männern aus acht Nationen (Deutschland, Österreich-Ungarn, Frankreich, Italien, Japan, Großbritannien und Russland) zusammengestellt, die den Gesandtschaften zu Hilfe kommen soll. Unter dem Oberkommando des Deutschen Graf von Waldersee wird der Aufstand blutig niedergeschlagen. Diese Episode, die als die »55 Tage von Peking« in die Geschichte einging, endet im August 1900. Tseu Hi ist entmachtet und gibt den Weg für die gemäßigten Kräfte frei, während die ausländischen Nationen die Lage nützen und sich noch mehr Privilegien sichern. Nach dem Tod der Kaiserin und ihres Neffen kommt ein dreijähriges Kind auf den Thron, der kleine Pu Yi: Er ist der letzte Kaiser von China und wird 1912 abgesetzt.

Aber all das liegt noch in der Zukunft, als Waldemar durch die hohen Tore von Peking tritt, die die Verbotene Stadt schützen. Er wohnt im »Schlafwagenhotel«, der damals besten Unterkunft. Trotzdem klagt er über mangelnde Hygiene, seine ewige Sorge: »Der Chinese ist im Gegensatz zum Japaner keineswegs sehr sauber.« Zum Glück ist er inzwischen ziemlich abgehärtet und arrangiert sich mit den Zuständen. Zumindest halten ihn die ständigen Kämpfe, etwas »zum Baden oder zum Waschen« aufzutreiben, nicht von einer Mahlzeit ab, deren Schilderung, so absurd sie aus heutiger Sicht auch erscheinen mag, nicht einer gewissen Komik entbehrt: »Die Chinesen bedienten sich der Essstäbchen, mit denen sie von ihrem Teller das Essen zum Mund führten, dann wieder in die allgemeine Schüssel hineinlangten und schließlich von ihrem Teller ein besonders gutes Stück ergriffen und es den Fremden, darunter also auch mir, auf den Teller legten. Das würde nach unseren Grundsätzen recht wenig appetitlich sein, aber man muss auf solchen Reisen auf die Volkssitten gebührend Rücksicht nehmen und darf die Einheimischen nicht beleidigen. Abgenagte Knochen wurden durch ein kleines Fenster in unbekannte Ferne hinausgeworfen. Ich kann nicht sagen, dass mir das Essen besonders zugesagt hätte, es war aber immerhin recht lehrreich.«

Waldemar kehrt dem „Eremitenland« schnell den Rücken und reist nach China weiter.

Nach den Mahlzeiten erkundet er, oft zu Pferd, die Straßen von Peking, vorbei an den gewaltigen Festungsmauern mit ihren Wehrtürmen, und besichtigt natürlich den Kaiserpalast und das Gesandtschaftsviertel. Die Erinnerung an die Belagerung von 1900 ist noch sehr lebendig, wie Waldemar selbst zu spüren bekommt: Sobald er irgendwo auftaucht, laufen die Frauen davon und verstecken sich. Für ihn ist das »eines der traurigen Überbleibsel des sogenannten Rachefeldzugs der europäischen Nationen«. Und er hält mit seinem Urteil nicht hinter dem Berg: »Leider haben diese Truppen diesen Feldzug wie eine Art Krieg betrachtet und sich benommen, wie es in ernstlichen Kämpfen seit alters her Brauch gewesen ist. Die Soldaten taten der chinesischen Weiblichkeit, wo sie ihrer habhaft werden konnten, Übles an und selbst die Offiziere beteiligten sich an der Beraubung der kostbaren Inhalte von Tempeln. Mir wurde in der Botschaft in Peking geschildert, wie verschieden sich dabei die einzelnen Nationen verhalten hätten; die Deutschen seien gerade und bestimmt vorgegangen und hätten verlangt, was sie haben wollten. Die Engländer seien ohne ein Wort einfach dazu übergegangen, wegzunehmen, was ihnen passte. Die Franzosen hätten sich, wo sie gute Sachen vermuteten, einladen lassen und dann betont, wie dankbar sie für ein schönes Andenken an China wären, wobei sie auf ihre Waffen deuteten.«

Auf Empfehlung eines österreichischen Offiziers, den er im Zug von Tientsin nach Peking kennenlernt, unternimmt Waldemar einen Ausflug zur Großen Mauer – eine Reise von vier Tagen, die wieder einmal einiges an Entdeckungen und Schrecksekunden mit sich bringt.

Eines der Stadttore von Peking.

Die Mauern der Verbotenen Stadt.

»Es war sehr heiß und in einem Dorf mussten wir den Pferden eine kurze Ruhe gönnen. Der chinesische Boy, den ich nicht und der mich nicht verstand, verschwand in einem Haus, kam mit einem Eimer und schöpfte aus dem mit übelstem Schmutzwasser gefüllten Rinnstein eine buntschillernde dicke Flüssigkeit und gab sie den armen Pferden zu trinken. Als er damit fertig war, fragte er mich durch Gesten, ob ich etwas trinken wolle. Ich dachte an chinesischen Tee und nickte. Darauf tauchte er den Eimer wieder in die Rinnsteinflüssigkeit und wollte damit irgendetwas mischen. Da winkte ich schnell und kräftig ab.
So bin ich den ganzen Tag, gefolgt von diesem Boy, ohne Essen und Trinken zu einem sehr schön gelegenen mir empfohlenen Kloster geritten. Die sogenannten Chinesischen Ponys, die nicht Ponys sind, sondern etwas kleinere Pferde, sind von ausgezeichnetem Schlag, schnell, tüchtig und höchst angenehm zu reiten. Wir kamen in einen uns vorn angreifenden Sandsturm, der uns den trockenen Sand der Wüste ins Gesicht schleuderte. Ich konnte trotz der Brille meine Augen nicht offen halten, aber das Pferd ging ruhig weiter und blieb, wie sich nach einer Stunde zeigte, in der richtigen Richtung.
Abends kamen wir in dem Kloster an, der Boy verschwand mit den Pferden und suchte irgendwo unterzukommen. Ich selbst wurde von dem Abt mit kleinem Gefolge überaus höflich mit vielen Verbeugungen begrüßt und versuchte durch Gesten ihm klarzumachen, dass ich gern etwas essen wollte. Aber er bedeutete mir bedauernd, dass sie nichts hätten. Darauf versuchte ich, gegen meinen Durst etwas zu erhalten, und kurz darauf wurde mir ganz herrlicher chinesischer Tee, natürlich ohne Zucker und Sahne, serviert, den ich in der Erinnerung als den besten Tee, den ich jemals trank, habe.
Als Nachtquartier wies man mir in einem gewaltig großen Tempel mit allerlei Wiedergaben von Gottheiten eine leidlich freie Ecke an, wo ich mich niederlegen könne. Wenn man jung ist und einen anstrengenden Ritt hinter sich hat, so ist ja fast jedes Lager recht, und es genügt, wenn man die Jacke zusammengerollt als Kopfkissen benützt. Eine Zudecke brauchte man bei der Hitze nicht. So schlief ich langsam ein, nicht ohne mir im Dunkeln Gedanken zu machen, dass ich ja eigentlich fern von jeder Kultur ganz allein unter mir Missgesinnten in einem mir feindlichen Volk mich aufhielt.
So entsicherte ich meine kleine sechsschüssige Pistole und legte sie neben mich. Plötzlich hörte ich das Gemurmel und Durcheinandersprechen von männlichen Stimmen. Das war ein unbehagliches Gefühl, denn was konnte es anderes sein als eine Aufregung über mein Kommen oder über die Entweihung des Tempels durch mich, und man pflegte damals in derartigen Fällen still beseitigt zu werden. Die Stimmen kamen immer näher und schließlich war auf der anderen Seite des Innenraumes ein Lichtschein zu bemerken und ich sah, wie

Waldemar macht einen Ausflug zur Großen Mauer.

Die Große Mauer in Kalgan.

Waldemars Lehrer behauptete, dieses
Bauwerk existiere gar nicht, sondern …

… sei nur eine Metapher für die Abgetrenntheit Chinas von der Welt.

eine große Menschenmenge, vielleicht 100 Personen, sich in den Tempel drängte. Das war der kritische Augenblick und ich sagte mir, dass ich mit meinen fünf Schüssen, der sechste sollte mir gelten, nicht viel ausrichten könne. Gottlob schwenkte die Menschenmenge vor mir ab und begab sich zu einem Altar, wo sie laut und anhaltend betete und dann den Tempel wieder verließ. So war gar keine Gefahr gewesen. Der Abt verabschiedete mich überaus höflich und dankte überschwänglich, als ich ihm eine angemessene Summe Geldes in die Hand drückte.«

Aber die Reise lohnt sich. Als Waldemar am Fuß der Großen Mauer in Kalgan ankommt, ist er überwältigt von dem Anblick. Begeistert schildert er das gut erhaltene Bauwerk, das sich bis »in die unendliche Weite« an den Bergen entlang zieht, unterbrochen in regelmäßigen Abständen von Wachtürmen. Wie bereits in Korea kommt hier sein Panaroma-Fotoapparat voll zur Geltung. Und er denkt mit einem leisen Lächeln an seinen alten Geografielehrer, der fest davon überzeugt war, »dass die Große Mauer in China nicht etwas wirklich Vorhandenes, sondern nur sinnliche Bezeichnung der Abgeschlossenheit Chinas von der Umwelt sei«.

Aber es gibt sie wirklich, die Mauer, und sie wird zum Symbol dieses Landes, das sich um die Jahrhundertwende der Welt öffnet. Waldemar findet gar nicht genug Superlative, um seine Eindrücke zu schildern: »Es ist schwer, als flüchtiger Reisender über dieses ungeheure Land gewaltigster Flächenausdehnung und gewaltigster Einflüsse auf die Weltgeschichte kurz etwas zu sagen. Was man auch hier im Land sieht und erlebt, alles ist gewaltig. Gewaltig die herrlichen Denkmäler chinesischer Kultur und Kunst, gewaltig die Siedlungen des Volkes. Gewaltig die Flüsse, die Gebirge und schließlich gewaltig die öde Fläche mancher Landesteile.«

Er kann es kaum erwarten, dieses Riesenreich genauer in Augenschein zu nehmen. Nach seinem Aufenthalt in Peking fährt er mit dem Zug nach Hankau am Ufer des Jangtsekiang. In dieser Stadt mit ihrem »Menschengewimmel« genießt er das erregende Gefühl, »der einzige Europäer« zu sein, und wandert vergnügt durch die »Gassen, bei denen man beide Seiten mit den ausgestreckten Armen berühren konnte«. Trotzdem hat Waldemar für alle Fälle eine Pistole in der Tasche, ein tröstlicher Gedanke. Dass in Hankau so viel Betrieb herrscht, liegt daran, dass die Stadt ein Knotenpunkt für den Austausch zwischen dem Norden und Süden des Landes ist, aber vor allem zwischen dem Osten und Westen, dank der riesigen Wasserstraße, dem »ungeheuren Fluss Jangtsekiang«, der von Tibet herunterkommt und sich vor der Küste von Shanghai ins Chinesische Meer stürzt.

In den Straßen von Hankau trifft Waldemar auf einen buddhistischen Mönch.

Der Zug, der Waldemar nach Hankau gebracht hat. Die Männer auf dem Bahnsteig tragen noch den Mandschu-Zopf, wie es im 17. Jahrhundert Pflicht war.

Die flachbödigen Boote auf dem Jangtsekiang.

Sonnenuntergang am Blauen Fluss. In der Ferne eine Pagode.

Westliche Kanonenboote nehmen den Fluss in Beschlag.

Auf diesem »riesenhaften Fluss, gegen den unser Rhein etwa ein kleines Gerinnsel ist«, steuert er an Bord eines englischen Dampfers Shanghai an. Er staunt über den regen internationalen und chinesischen Schiffsverkehr und schildert das Schauspiel, was sich ihm auf dem unberechenbaren Fluss bietet: In Ufernähe, wo die Strömung noch beherrschbar ist, schaukeln zerbrechliche Dschunken mit Segeln wie Fächer, deren Kohlenfracht von Kulis mit Tragejochen mühsam abgeladen wird. Weiter draußen, wo in den turbulenten Gewässern starke Motoren erforderlich sind, ragen stumm die großen Frachter und Kanonenboote auf, Vorposten der ausländischen Nationen, die ihre Augen auf die chinesischen Grenzgebiete geworfen haben.

Und dann Shanghai, die »Perle des Ostens«. Auch dort erlebt Waldemar jene »merkwürdige, verwirrende, aber doch bedeutsame Mischung von östlicher und westlicher Zivilisation«. Die auf Sümpfen erbaute Stadt verdankt ihre Existenz dem Opium, das die Engländer in Umlauf gebracht haben und damit die Wirtschaft lahmgelegt und eine ganze Nation süchtig gemacht haben. 1906 ist Shanghai noch nicht die schillernde Metropole der 1930er-Jahre, wo die berühmten Art-déco-Gebäude am Bund aufragen, der Uferpromenade am Huangpu, nach dem Vorbild des siegreichen Kapitalismus. Und es ist auch noch nicht der letzte Zufluchtshafen für viele europäische Juden, die vom erstarkenden Nazideutschland in alle Himmelsrichtungen zerstreut werden.

Seltsamerweise hält sich Waldemar nicht in Shanghai auf. »Für einen Reisenden wie mich war dort nicht allzu viel zu holen.« Er sticht wieder in See, diesmal ins Gelbe Meer, das seinen Namen den Ablagerungen des Jangtsekiang in den Mündungsgebieten verdankt. Im nördlichen Tsingtau, einer deutschen Enklave, geht Waldemar an Land. Seit ungefähr einem Jahrzehnt übt Deutschland ein Protektorat über das Kiautschou-Gebiet der Provinz Schantung aus. Waldemar wird freundlich aufgenommen »in der sehr europäisch zugerichteten Kolonie«, wo die bayrische Architektur erstaunliche Resultate hervorbringt. Unter der Führung von dort stationierten deutschen Ärzten besichtigt er das Gebiet und widmet sich erneut seiner Lieblingsbeschäftigung, dem Kunstkauf. Vielleicht überwindet er sogar seine Abneigung gegenüber dem Bier, das seine Landsleute vor drei Jahren auf den Markt gebracht haben und das die Stadt berühmt gemacht hat. Aber es hält ihn nicht lange dort, bald kehrt er in den Süden Chinas zurück, noch einmal nach Shanghai und löst dort ein schwieriges Organisationsproblem …

Shanghai, die auf Sümpfen erbaute Stadt.

»Als ich im April 1905 von Berlin zu meiner Weltreise aufbrach und mich entsprechend mit Kleidung ausstatten musste, hätte ich wohl bedenken müssen, dass ich eine Zeit lang auch die Tropen und den Äquator passieren würde. Aber ich hatte schon für USA leichte und wärmere Kleidung dabei, so dass mir der Gedanke gar nicht kam, besondere Tropenkleidung demnächst brauchen zu müssen. In Japan war ich ja von etwa Anfang Januar bis Ende April 1906; dort hatte ich viel mit der Kälte und keineswegs mit Hitze zu kämpfen, obwohl ich mir immer eingebildet hatte, dass Japan ein tropisches Land wäre. Dann folgten einige Wochen in Korea, die teils warm, teils kühl in der Temperatur waren, und darauf folgend China. Peking liegt ja sehr nördlich, ebenso wie die große Mauer, und so war die allerdings im Sommer dort spürbare Wärme durchaus erträglich.

Aber nun war ich mit der Bahn von Peking nach Hankau weit südlich gelangt und dann mit dem Dampfer in drei Tagen Fahrt in Shanghai angekommen. Dort begann nun die Hitze recht quälend zu werden, während die Schiffsreise durch den Wind noch sehr erträglich war. Ich traf dort einen Corpsbruder, der am deutschen Generalkonsulat tätig war, mich herumführte und einlud. Wir kamen auf die Tropenkleidung, die weiße Leinenkleidung, zu sprechen, die man dort bereits im Sommer trug. Nun wurde mir klar, dass ich etwas versäumt hatte, und die Frage trat auf, wie ich das nachholen könnte. Hier habe ich mir hohe Achtung vor chinesischen Schneidern erwerben können.

Mein Corpsbruder riet mir, abends einen chinesischen Schneider kommen zu lassen, der mir helfen würde. Auf meinen Einwand, dass für den nächsten Mittag bereits mein Platz auf dem Dampfer nach Hongkong belegt sei, meinte er, es würde sich schon ein Weg finden. Ich ließ den Schneider kommen, mit dem die Verständigung recht schwierig war, da er nichts außer seiner Landessprache verstand, die mir völlig fremd war. Er zeigte mir in seinem mitgebrachten Stoffbuch allerlei Stoffproben und mit Mühe, Münzen und Fingersprache konnten wir uns auch über den Preis von je einem Anzug, bestehend aus Jacke und langer Hose, verständigen. Besonders schwierig war die Frage, welche Zeit er brauche; aber auch das gelang schließlich und ich machte ihm mit der Uhr in der Hand klar, dass ich sechs Anzüge bis zum nächsten Vormittag haben müsse. Er nickte zustimmend und ich gab ihm eine mir gut passende Jacke meines Sportanzugs wegen der Maße mit. Ich hatte wenig Hoffnung, dass das Geschäft funktionieren würde, und nahm mir vor, in Hongkong das Nötige in Ruhe nachzuholen.

Ein Teehaus.

戴永興鐵舖

Aber am nächsten Morgen sehr früh erschien der brave Schneider mit sechs Anzügen, davon drei in schlichter Form und drei mit merkwürdigen Nähten und Streifen, die auf das von mir mitgegebene Muster zurückzuführen waren. Ich hatte ihm nicht klarmachen können, dass diese Streifen keine Bedeutung hatten, sondern lediglich ein Umstand der damaligen Berliner Mode waren. So war ich für die Tropen gut gerüstet, wo man ja so einen Anzug nur einen Tag tragen kann und dann wieder waschen lassen muss.

Wie der Schneider über Nacht sein Werk hat fertig bringen können, ist mir bis heute schleierhaft geblieben, es war wie ein Wunder. Dass er sich bei drei Jacken sklavisch an das Muster gehalten hat, lag daran, dass wir uns nicht hatten aussprechen können. Mein Freund machte mir nachträglich klar, dass ich noch gut weggekommen sei; denn häufig machten Europäer die Erfahrung, dass, wenn etwa in dem Muster ein Riss gewesen und zugestopft sei, der Chinese diesen Riss in dem neuen Anzug auch macht und zustopft, weil er glaubt, dass das zu den Sonderlichkeiten der weißen Rasse gehöre, über die man sich zwar wundern, die man aber nicht abstellen könnte.«

Gut gerüstet für das tropische Klima, das südlich des Jangtsekiang herrscht, geht Waldemar an Bord der *Express of India,* einem japanischen Dampfer mit englischer Besatzung, der ihn nach Hongkong bringt, was auf Kantonesisch »duftende Bucht« bedeutet. Aber ihm scheinen die Düfte der englischen Kolonie nicht besonders zu behagen, obwohl er hier zum ersten Mal ein ernst gemeintes Kaufangebot für seine Fotos erhält.

Die Macht des Fotoapparats.

»Ich war mit einem großen, schönen amerikanischen Passagierdampfer von Shanghai nach Hongkong gekommen. Kurz nach der Ankunft dachte ich daran, dass ich den Wunsch hatte, überall, soweit es ging, die Schiffe, mit denen ich gefahren war, fotografisch festzuhalten, um sie später in Diapositiven zu verwerten. Das machte ich in der Weise, dass ich mir ein Boot mietete und dann im Hafen, vom Wasser aus, das Schiff fotografierte. Nur bei der Abfahrt von Bremen war es gelungen, das Schiff, die *Barbarossa,* auf freier See zu erfassen, weil wir Passagiere mit einem Tender hinausgefahren wurden, um draußen übergeladen zu werden. Die Bilder von dem amerikanischen Passagierer waren bestens gelungen und das Schiff sah überaus stattlich aus, weil es hoch über meinem Boot emporragte.

Kurze Zeit danach traf ich den Generalagenten der Schifffahrtslinie im Hotel und zeigte ihm die Bilder. Darauf sagte er (auf Englisch): ›Mensch, die Bilder muss ich unbedingt haben. Sie bekommen dafür, was Sie verlangen!‹ Er nahm mich mit an die Bar, prostete mir mit einem Getränk zu, das er seinerseits augenblicklich aus dem Mund in den Spucknapf beförderte. Diese Sitte ist einem Deutschen natürlich fremd und eigentlich höchst beleidigend. Er merkte dieses an meiner Miene und erklärte das so: Er müsste den ganzen Tag diesem oder jenem zutrinken und würde ja gar nicht selbst arbeiten können, wenn er das ganze Zeug immer schlucken würde. Auf sein Anliegen, für meine Bilder zu geben, was ich verlangen würde, sagte ich lächelnd, ich müsse mir die Summe noch einmal überlegen, aber er würde die Bilder schon bekommen. Gefragt, weshalb ihm soviel daran läge, er habe doch in seinen

Prospekten genug Bilder dieser Art, erklärte er, meine Aufnahmen zeigten sein Schiff beinahe doppelt so groß, als es in Wirklichkeit sei, und das mache einen überaus lockenden Eindruck. Damit endete zunächst unsere Geschäftsverhandlung.«

Hongkong mit seiner idealen Lage im Mündungsdelta des Perlenflusses dient Waldemar als Stützpunkt für seine Ausflüge in die Umgebung. Er reist nach Macao, der portugiesischen Kolonie, »damals ein kleines Nest von Raub, Betrug, Glücksspiel und Prostitution«, dann nach Kanton, einer »Riesenstadt«, die ihm gefällt, weil sie ihm Gelegenheit gibt, mehr über das Leben der Chinesen zu erfahren. Ein großer Teil der Einwohner lebt auf dem Wasser, auf bizarren Konstruktionen, die miteinander verbunden sind und regelrechte schwimmende Dörfer bilden. Etwas weiter draußen wohnen die Ausländer komfortabel auf der Halbinsel Shamian, einer Oase des Friedens mit schattigen Alleen und bürgerlichen Häusern im europäischen Stil. Dort lernt Waldemar auf einer Dinner-Party des deutschen Konsuls einen gewissen Prinzen Reuß kennen, der sich ebenfalls auf einer Weltreise befindet, allerdings in entgegengesetzter Richtung.

»Der Prinz sagte mir, sein Reiseplan und der meine betreffs Rückkehr nach Hongkong wären gleich. So hatte ich seine mir etwas unbequeme Gesellschaft die ganze Zeit auf dem Dampfer im Pearlfluss und seine Interessen beschränkten sich jedenfalls damals auf das Sammeln von Briefmarken, ein Thema, was mir überaus fern lag. So unterhielt er mich die ganze Zeit mit seinen Briefmarkensorgen.
Ich fragte ihn nach seinem weiteren Reiseweg und auf welchen Schiffen er gebucht habe. Darauf sagte er mir, das habe er überhaupt noch nicht getan, er müsse erst mal sehen, was frei sei. Da fiel mir mit einem Mal der Generalagent und sein Angebot wegen der Fotografie ein und ich sagte dem Prinzen Reuß: ›Sie werden riskieren, mit anderen in einer Kabine untergebracht zu werden, wenn Sie nicht grundsätzlich und stets lange vorher eine Kabine alleine buchen. Ich will aber sehen, ob ich durch meine Beziehungen hier und in Amerika, die sich auch auf Schifffahrtskreise erstrecken, Ihnen eine gute Kabine auf dem demnächst abfahrenden Dampfer, mit dem ich gefahren bin, zu verschaffen.‹
In Hongkong angekommen, suchte ich den Generalagenten auf und fragte ihn, ob er einen deutschen Prinzen für sein Schiff haben wolle, das sei doch eine gute Reklame für ihn. Darauf erwiderte er: ›Großartig, ich gebe ihm einen Wohnraum, dazu einen Schlafraum, einen weiteren Schlafraum für sein Gefolge und einen Raum für seine Koffer usw.‹ Darauf musste ich allerdings sagen, er reise inkognito und bedürfe nur einer anständigen Kabine für sich allein. Der allmächtige Schifffahrtsherr war etwas enttäuscht, sagte aber zu, und ich konnte dem Prinzen diese tröstliche Mitteilung machen.«

Waldemar gehört jetzt anscheinend zu der Sorte von Reisenden, die einem bereitwillig aus jeder kleineren oder größeren Klemme helfen. In diesem Moment, kurz bevor er China hinter sich lässt, ahnt er jedoch nicht, dass seine Fähigkeiten – die er selbst sich am wenigsten zugetraut hätte – bald »höheren Zwecken« dienen sollten …

Schwimmende Dörfer auf dem Perlenfluss.

In Singapur, »der Stadt des Löwen«, wird seine Geduld auf eine harte Probe gestellt. Er ist noch längst nicht reisemüde und will seine wenige Zeit, die ihm noch bleibt, so gut wie möglich nützen. Sein ursprünglicher Urlaub von einem Jahr ist bereits zu Ende und die Antwort auf einen Verlängerungsantrag bei der deutschen Regierung lässt auf sich warten. Das gilt auch für die zusätzlichen Finanzmittel, um die er seinen Vater gebeten hat. Die Lage ist ziemlich unangenehm, aber er hat keine Lust, sich von solchen Postverzögerungen die letzten Monate seiner Reise verderben zu lassen, und arrangiert sich irgendwie.

Singapur im äußersten Süden der malaiischen Halbinsel ist damals noch eine englische Kolonie, die sich erst 60 Jahre später in einen blühenden unabhängigen Stadtstaat verwandelt. Aber auch jetzt schon ist es eine »riesige Stadt, Handels- und Hafenstadt, großer Umschlagsplatz für die Produkte der malaiischen Staaten und der indonesischen und australischen Inseln«. Dank seiner Lage am Knotenpunkt großer Wasserstraßen – die Engländer haben sich dort festgesetzt, um die Meerenge von Malakka zu kontrollieren – ist Singapur ein gewaltiger Schmelztiegel, in dem die Chinesen bald die vorherrschende Bevölkerungsgruppe sein werden.

Waldemar wird es schnell zu eng, wie immer in Städten, wo der europäische Einfluss sich allzu stark bemerkbar macht. Er tröstet sich mit einem Ausflug zum Palast des Sultans von Johore, aber auch das genügt ihm noch nicht. Da gibt ihm der deutsche Generalkonsul, bei dem er zu Gast ist, die etwas ungewöhnliche Gelegenheit, das Land besser kennenzulernen.

Singapur, »die Löwenstadt«, entwickelt sich zu einer der »Drachenstädte« Südostasiens.

ADONI

»Er fragte mich, ob ich bereit wäre, einen überaus wichtigen wie auch geheimen Dienstbrief nach Java zu dem dortigen Generalkonsul hinüberzubefördern. Er habe bereits seit Monaten das Dokument hier und habe keinen zuverlässigen Boten dafür. Ich war gern bereit, diesen ehrenvollen Auftrag zu übernehmen, bekam aber einen kleinen Schreck, als ich dann ein Formular unterschreiben musste, nach dem ich verpflichtet war, ich weiß nicht welche Vorkehrungen zum Schutze eines solchen Dokumentes zu treffen, unter anderem, im Falle der Seenot das Stück so zu vernichten, dass es in keinem Falle in fremde Hände fallen könnte.
Ich hatte nun ›A‹ gesagt und musste auch ›B‹ sagen, unterschrieb die Verpflichtungen, verpflichtete mich, das Dokument auf jegliche Art zu schützen und bestieg einen kleinen nach Java/Batavia bestimmten Dampfer der königlich-niederländischen Dampfschifffahrtsgesellschaft. Der riesengroße, dicke, mit zahlreichen gewaltigen Siegeln versehene Brief ruhte in meinem großen Koffer und wurde mit ihm in dem Gepäckraum verstaut. Wir kreuzten die Sunda-Straße, eine überaus bedenkliche Gegend, denn dort ist der fürchterliche Vulkan Krakatau Herr der See und des Landes.«

Der frischgebackene Spion hat auch allen Grund, diesen Vulkan mit Misstrauen zu betrachten. Der letzte katastrophale Ausbruch mehr als 20 Jahre zuvor, 1883, war auf dem ganzen Erdball spürbar gewesen. Der »Ton seiner Explosion reichte in große Ferne hinüber« und setzte sich bis nach Australien, Neuguinea, den Philippinen und Indien fort. Die Schockwelle lief dreimal um den Globus. Eine gewaltige Flutwelle von fast 30 Metern Höhe überflutete die Küsten von Java und Sumatra, so dass die *Barouw,* ein Kanonenboot, über drei Kilometer weit ins Landesinnere gespült wurde und sich zehn Meter über dem Meeresspiegel auf dem Trockenen wiederfand. Noch Monate später riefen die in die Luft geschleuderten Aerosol-Gase erstaunliche Sonnenuntergänge in Europa hervor, so rot wie das Blut der 40000 Toten, die der Vulkanausbruch gefordert hatte.

Vielleicht ist es die Nähe dieses Vulkans, die Waldemar auf einmal nervös macht, ihn mit seltsamen Gedanken quält.

Der Zug, in dem Waldemar die Insel Java überquert.

»Wenn man auf einem verhältnismäßig kleinen Dampfer wie diesem auf See ist und geschaukelt wird, so kommen einem namentlich nachts doch erhebliche Bedenken über die Sicherheit. Man denkt an die dort zahlreich vorhandenen Haifische, die immer zur Hand sind, wo es etwas zu fressen gibt. Aber man sorgt sich auch um das, was man gesammelt hat und wozu man einzustehen hat. Mir fiel schwer auf die Seele, dass, wenn das Schiff jetzt unterginge, ich ja gar nicht in der Lage wäre, den Geheimbrief so zu vernichten, dass er niemals in fremde Hände kommen könne. Denn wenn das Schiff und mein dort geborgener Koffer auseinanderplatzen, kommt in der See natürlich ein Haifisch, der den Brief verschluckt, dann kommt ein englisches Kriegsschiff, der Fisch wird erlegt, an Bord geholt, zerlegt und der Geheimbrief gefunden, was natürlich unter keinen Umständen geschehen durfte.
Ich erklärte daher sofort am nächsten Morgen, dass ich an meinen Koffer müsste, um einige Garderobe herauszunehmen, musste allerdings noch einige Stunden warten, weil die Luken erst gegen Mittag geöffnet wurden. Darauf barg ich den beunruhigenden Brief an meinem Busen und überlegte weiter. Es war ja nichts damit gewonnen, wenn der Haifisch mich zusammen mit dem Brief herunterschluckte. Andererseits fiel mir die schöne Darstellung von dem treuen Depeschenreiter aus dem französischen Krieg 1870 ein, der, rings von Feinden angefallen, keine Möglichkeit des Entkommens sah und die Depesche deshalb, weil sie so geheim war, zerriss und herunterschluckte. Aber auch hier fand ich keine Lösung, denn die Portion dieses Briefes hätte selbst bei ruhiger Mahlzeit mich einige Wochen sättigen können.«

Letzteres bleibt Waldemar zum Glück erspart. Drei Tage nach seiner Abreise aus Singapur trifft er in Tanjung Priok ein, dem Hafen des damaligen Batavia und heutigen Jakarta. Er zieht seinen besten Kolonialanzug an – »Tropengala«, wie er es nennt – und sucht unverzüglich den Generalkonsul auf: »Erst am Abend gelang es mir, den Brief loszuwerden, und ich war glücklich, die Quittung des Generalkonsuls in Händen zu halten.«

Erleichtert verwandelt er sich wieder in einen Vollzeit-Touristen und konsultiert das Tagebuch der Asienreise seines Bruders Richard, um seine Weiterreise auf die Insel Java zu planen. Er ist begeistert von seinem 14-tägigen Aufenthalt auf Java und »erschüttert« von »der Gewalt dieser Tropenlandschaft«, obwohl ihn der Geldmangel zwingt, ohne Guide zu reisen. Mit seiner Faszination für Vulkane besteigt er den Papandayan in Richtung Bandung, bevor er nach

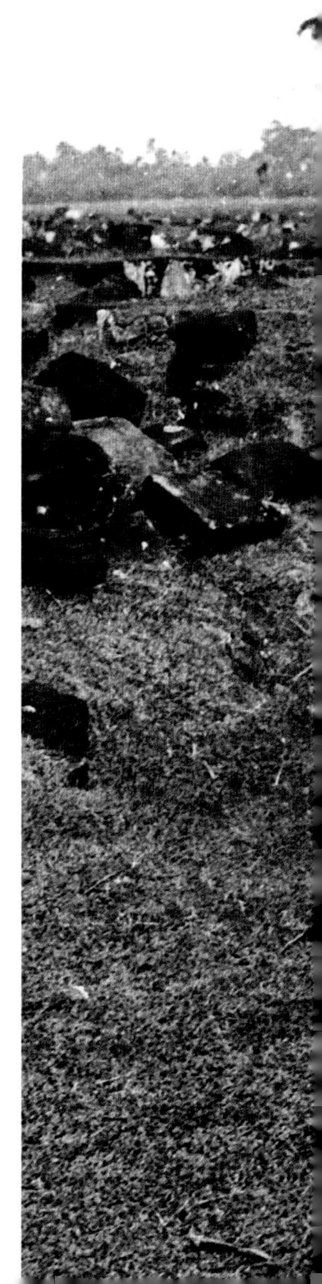

Tänze lassen ihn kalt, er besichtigt stattdessen die Ruinen der Hindu-Tempel.

D
317

Yogyakarta im Süden der Insel weiterreist. Dort meidet er die deutschen Kolonialverwaltungen, wo man seinen Besuch erwartet. Es ist die einzige Möglichkeit, den einheimischen Tanzvorführungen zu entgehen, an denen er unvermeidlich teilnehmen müsste. Waldemar hasst Tänze, außer japanische natürlich. Stattdessen besichtigt er die hinduistischen Tempelruinen von Pranbanam und Borobudur mit ihren »unfasslich gewaltigen, menschlichen, religiösen Werken«. Er schließt die javanische Reise mit dem Vulkan Tengger Caldeira und dem berühmten Semeru ab, der senkrecht vor der Nachbarinsel Bali aufragt, die er leider nicht besichtigen kann, weil seine Mittel zu Ende gehen. Aber nichts wird ihn daran hindern, nach Indien zu reisen.

Waldemar kehrt nach Singapur zurück, meldet dem Botschafter die erfolgreiche Durchführung seiner »Mission« und besteigt sofort das nächste Schiff. Diesmal sind seine Finanzen wirklich auf dem Tiefpunkt und er ist gezwungen, auf einem englischen Dampfer zu reisen, der mehr Frachtgüter als Passagiere transportiert – abgesehen von Ameisen und Kakerlaken in seiner »Luxuskabine«. Er hat noch einmal an seinen Vater geschrieben und ihn dringend gebeten, Geld zu schicken, aber er hat immer noch nichts gehört. Er hofft jetzt, in Kalkutta eine Antwort vorzufinden.

In der Zwischenzeit lebt er von dem Essen, das im Preis der Schiffspassage inbegriffen ist, und bezahlt seine Getränke mit »Chips«, die er am Ende natürlich gegen Bares umtauschen muss ... Er verzichtet sogar auf die meisten Landausflüge, weil sie zu teuer sind. Als das Boot am Ausgang der Meerenge von Malakka einen Halt in Penang an der malaysischen Küste einlegt, bleibt er an Bord. Nach dem Andamanischen Meer geht er trotz allem in Birma an Land, um sich schnell die Hauptstadt Rangun und die Shwedagon-Pagode anzusehen und die intensive spirituelle Atmosphäre in den Straßen aufzusaugen. Und endlich erreicht er Kalkutta am anderen Ende des Golfs von Bengalen.

Dort naht nun die Stunde der Wahrheit: Waldemar muss seine Chips in Geld umtauschen und am Schiffspersonal vorbei, das natürlich auf ein Trinkgeld wartet. Aber woher soll er es nehmen? Waldemar lässt sich nicht aus der Ruhe bringen. »Da ich kaum Geld in der Tasche hatte, sagte ich mit großer Miene, ich käme nachmittags, um das zu erledigen, ich hätte jetzt geschäftlich zu tun, und verließ hoch erhobenen Hauptes ohne jede Bezahlung das Schiff.« Kaum ist er an Land, engagiert er (natürlich auf Kredit) einen Dolmetscher, mietet einen Zweispänner (für sich selbst, sein Gepäck und seinen Überseekoffer) und eilt zum deutschen Generalkonsulat, um seinen Kreditbrief abzuholen, der dort, wie er felsenfest glaubt, schon auf ihn wartet. Aber leider wird er enttäuscht. »Die Situation wurde peinlich«, schreibt er, zumal er auch noch ein Hotel auftreiben, sich frisch machen und die Dienste des Dolmetschers und des Kutschers bezahlen muss. In seiner Not blufft er: »Als Anfänger beim Hochstapeln habe ich mir dann dadurch geholfen, dass ich mit steifer Miene im besten Hotel ein Zimmer verlangte, über die Schulter dem Portier zurief: ›Bezahlen Sie den Wagen‹, und mich sofort in den Speiseraum begab und dort gut und reichlich tafelte.« Die Reise ist, wie man sieht, nicht spurlos an dem einst so korrekten preußischen Staatsbeamten vorübergegangen. Leider ist das Problem damit nicht aus der Welt geschafft, sondern nur für ein paar Tage aufgeschoben. Am Ende muss sich Waldemar dem Konsul anvertrauen, der ihm eine kleine Summe vorschießt, die er braucht, um ein Telegramm nach Madras zu schicken, wo ein entfernter Zweig seiner Familie »eine große

Auf dem Weg von Darjeeling nach Kalkutta: die Macht eines Blickes, der Stolz eines ganzen Volks.

Das Tadsch Mahal, ganz aus Marmor erbaut.

Benares: Rituelles Bad im Wasser des Ganges.

Niederlassung für Lederexport betreibt«. Endlich kommt das Geld und Waldemar kann seine angesammelten Schulden begleichen. Inzwischen ist auch die Order des Berliner Innenministeriums eingetroffen, dass er seinen Dienst »nunmehr schleunigst« anzutreten habe. Aber die Nachricht lässt ihn kalt: »Erfreulicherweise gab es damals noch keine Flugzeuge, um dem Befehl der Staatsregierung schneller nachzukommen. Ich entschloss mich daher, schleunigst nach Darjeeling am Fuße des Himalayagebirges zu fahren.«

Am selben Abend bricht er noch von Kalkutta auf, allein und ohne seinen »indischen Boy«, um die riesenhaften Gipfel zu sehen, die ihm sein Bruder Richard geschildert hat. Unterhalb der Berge steigt er in den berühmten »Toy Train«, der wie eine Spielzeug-Eisenbahn aussieht und ihn in die »Stadt des Blitzes« bringt. Leider macht Darjeeling seinem Namen alle Ehre: Die Regengüsse, die ihn auf dem Tiger Hill empfangen, halten ihn davon ab, sich dem Everest, dem Lhotse, dem Kangchenjunga oder dem Makalu zu nähern.

So leicht ist Waldemar nicht von seinen Indienplänen abzubringen, auch nicht durch die Weisungen eines Ministers. Europa, Preußen, Waldenburg und die Verpflichtungen, die ihn dort erwarten, all das erscheint ihm so unwichtig, verglichen mit den Welten, die sich ihm hier auftun. Er reist im Eiltempo durch das Juwel des britischen Empire und nimmt so viel mit wie möglich, muss aber seine Ausflüge auf die »großen Kulturzentren« beschränken und »auf die Besichtigung von vielen Tempeln und Eigenartigkeiten« verzichten.

Im Nachbarstaat Uttar Pradesh macht er halt in Varanasi, auch Benares genannt, der heiligen Stadt des Hinduismus. Sie ist Shiva geweiht und auf ihren steinernen Ufertreppen, den Ghats, praktizieren die Gläubigen ihre rituellen Waschungen und verbrennen ihre Toten. In Agra verneigt er sich ehrfürchtig vor »dem unbeschreiblichen Ebenmaß« des Tadsch Mahal, des Marmorpalasts, den der Mogulkaiser Shah Jahan zur Erinnerung an seine geliebte Gemahlin erbauen ließ, die bei der Geburt ihres 14. Kindes gestorben war. Waldemar ist schlicht begeistert von diesem Juwel der Baukunst, das ein englischer General fast abgerissen hätte, um sich an dessen Stelle eine Dienstvilla zu bauen!

Weiter geht es nach Neu-Delhi, der zukünftigen Hauptstadt, aber leider fehlen ihm Zeit und Muße, diesen Ort näher kennenzulernen: »Ich hatte Sorge, wie ich mein langes Ausbleiben würde begründen können«, schreibt er. Von Neu-Delhi eilt er nach Bombay an die Westküste Indiens. Dort bieten ihm »unzählige Geier ringsum auf den Mauern und Bäumen« einen »erschreckend ernsten Anblick«. Ihnen überlassen die Parsen – die alten Perser und Anhänger des Zarathustraglaubens – ihre Toten. Nach ein paar Tagen in dieser riesigen, verwirrenden Stadt sitzt Waldemar wieder im Zug, der ihn zum südlichsten Zipfel des Landes bringt. Als er seinen Pass öffnet, den die Behörden vor seiner Ausreise abgestempelt haben, erlebt er eine unangenehme Überraschung: Das Papier trägt den Vermerk »Cholera- und Pestverdacht«.

Er fällt aus allen Wolken, als er hier zum ersten Mal von der Epidemie hört, die in den Straßen Bombays grassiert. Der anstößige Stempel zwingt ihn, bei jedem Halt vor dem Amtsarzt zu erscheinen: »Wenn ich jedoch das Büro des jeweiligen Regierungsarztes betrat und einen frischen und gesunden Eindruck machte, so verzichteten sie alle auf irgendwelche Untersuchungen.« Waldemar hat sich zum Glück nicht angesteckt und die Verzögerung kann ihm nur recht sein.
In Tuttukkudi bucht er eine kurze Überfahrt zur Insel Ceylon, der letzten echten Etappe seiner Reise. Liegt es an dem anstrengenden Indienaufenthalt oder an der Aussicht, bald nach Europa zurückkehren zu müssen?

Das Grab des Königs Akbar, Herrscher des Mogulreichs.

Im Eiltempo durchquert Waldemar das Land von Osten
nach Westen: Indien enthüllt sich seinem Blick.

Oder daran, dass Waldemar gerade seine Versetzung nach Oppeln erfahren hat, »eine der unsympathischsten Regierungen Preußens«? Auf jeden Fall lässt er eine gewisse Gereiztheit oder Verdrossenheit erkennen, gibt aber gleichzeitig ein sehr schönes Resümee seiner Reise ab: »Die Ankunft im Haupthafen Ceylons, in Colombo, rings umgeben von vielen Schiffen, war etwas erschreckend. Ich berührte nun den von Westen herkommenden Strom der Reisenden, die die Hotels, die Straßen und die Dampfer füllten. Wie sonderlich fremd erschienen sie mir nach den wunderbaren Wochen in Japan, wo ich das Volk in seiner schlichten, höflichen und von hoher Kultur erfüllten Einfachheit kennenlernte. Und anders als in China und Indien, wo die Völker überaus schlicht und bedürfnislos sich mit dem kargen Leben abfinden. Und wieder anders als in Java, wo inmitten einer wunderbaren, fast erdrückenden Tropenvegetation die Menschen wie in die Kultur passende Blumen erschienen und nicht fremdartige abgetrennte Wesen waren.«

Waldemar erträgt es nicht, dass seinesgleichen in diese andere Welt einbricht, die er sich im Lauf der Reise zu eigen gemacht hat und in der er sich wohlfühlt. Und wer weiß, vielleicht hat er sich, so wie die Gläubigen im Wasser des Ganges, von seinen Sünden reingewaschen – als Europäer, als Reicher – und sich aus dem Kreislauf der Wiedergeburten gelöst, den diese Reise in Gang setzte? In gewisser Weise hat ihn sein Abenteuer von den Verhärtungen befreit, die er aus seiner Welt mitbrachte, denn die Grundlagen seiner strengen Erziehung und seines unbewussten, latent vorhandenen Eurozentrismus wurden immer wieder von Neuem in Frage gestellt.

Auf jeden Fall ist Waldemar unangenehm berührt von den Europäern. »Allein im Speisesaal widerte mich das Gebaren der überelegant gekleideten Menschen an. Die Frauen mit Schmuck und riesenhaften Hüten der damaligen Zeit, unnatürlichen Wesens, lauter Unterhaltung, inmitten klappernder Teller, Geschirre und Bestecke.« Der Vorgeschmack auf seine eigene Zivilisation, den er in den Straßen von Colombo erhält, verdirbt ihm die Laune. Er kehrt der Hauptstadt den Rücken, allerdings nicht, ohne sich einen Rubin erhandelt zu haben, der ihm den in New York verlorenen ersetzen soll.

Er macht noch einen Versuch, den deutschen Konsul Freudenberg zu besuchen, so wie Richard vor ein paar Jahren, aber »der Reiseverkehr hatte sich inzwischen dermaßen gesteigert, dass auch den Konsulen die frühere Einsamkeit des Ostens genommen war und sie von Besuchern allmählich erdrückt wurden, die mit allerlei unbescheidenen Anliegen, Fragen und Wünschen an sie selbst herantraten«. Waldemar versteht ihn nur zu gut. Er verschwindet, überlässt den Konsul seiner Arbeit und unternimmt einen letzten Anlauf in »die Ursprünglichkeit des Urwalds von Ceylon«.

Er geht nach Kandy, um die Stupas von Anuradhapura, der alten Hauptstadt, zu besichtigen. Dort mietet er sich für ein paar Tage in einem englisch betriebenen »Resthouse« ein. Er genießt die Ruhe, diese letzten Momente in der Natur, die ihn während der ganzen Reise weitaus mehr berührt hat als die Städte in ihrem Lärm und ihrer Oberflächlichkeit. Aber diese Natur hat ihre Tücken: Am Nachmittag »legte ich mich in einen Liegestuhl und sah kurz darauf, wohl durch irgendein Gefühl gewarnt, dass auf meinem ausgestreckten Arm ein mit meinem Blut vollgesogener Moskito saß. Er erhielt sofort seine ernsthafte Strafe und ich glaubte die Angelegenheit erledigt.« Aber es ist bereits zu spät: Das Malaria-Virus ist in seinen Körper eingedrungen.

In Ceylon gönnt sich Waldemar eine Ruhepause, bevor er an seine Rückkehr denkt.

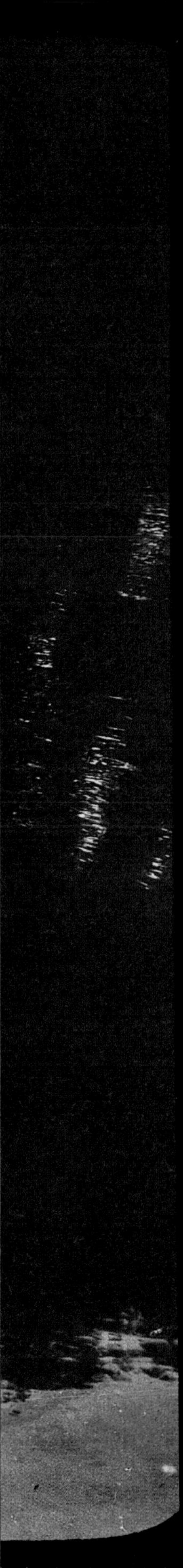

Diese Tatsache zunächst ignorierend fährt Waldemar in die Berge nach Nuwara Eliya. Auf einmal ärgert ihn jede Kleinigkeit: das nicht eintreffende Gepäck, der Regen, der auf den Ort niederprasselt. Es sind die ersten Anzeichen der Krankheit. Sobald er im Hotel eingetroffen ist, besichtigt er pflichtschuldig den berühmten botanischen Garten, trotz Kälte und Regengüssen, und er kehrt so erschöpft zurück, dass er keinen Finger mehr rühren kann. Als man Waldemar zum Abendessen holen will, stellt sich heraus, dass er krank ist. Die Malaria hat ihr Zerstörungswerk begonnen.

Aber Waldemar weiß es nicht und möchte seine Reise unter allen Umständen fortsetzen. Nachdem er sich eine Weile ausgeruht hat, geht es ihm besser, und er bricht wieder auf, ohne etwas von dem Virus in seinem Blut zu ahnen. Er mietet ein Boot, um für einen Tag auf dem Fluss Kalu Ganga durch den Dschungel zu fahren. Dort holt ihn die Malaria wieder ein und er fällt ins Delirium, mitten im Urwald, ein undurchdringliches Niemandsland fern jeglicher Zivilisation. Doch manchmal lässt eine Krankheit Risse im Bewusstsein des Menschen entstehen, durch die eine tiefere Natur, eine unterdrückte Seele vielleicht, zutage tritt …

»Die Malaria, die ich mir dort geholt hatte, ohne bereits darüber klar zu sein, tat ein Übriges. Und ich überlegte ernstlich, ob es nicht für einen Menschen würdiger und ehrlicher sei, sich von dieser unsympathischen Zivilisation abzusetzen und kurzerhand ein Naturleben dort im Urwald zu beginnen. In meinen Fiebergedanken schien mir das durchaus gut und ohne Schwierigkeiten. Ich hätte meine Rechnung im Hotel zu bezahlen und mit einfachsten Kleidungsstücken versehen, unter Hinterlassung des Koffers, mich im Urwald an einer einsamen Stelle niederlassen wollen. Mir schien, dass die Natur dort mit ihren Früchten Nahrung genug geben würde, wenn man nur völlig anspruchslos sei. Irgendetwas Zeltartiges würde sich wohl auftreiben lassen. Natürlich kamen allerlei Bedenken quer. Zum Beispiel, wie ich meine Augengläser wieder zu ergänzen hätte, wenn sie im Urwald verloren oder zerbrochen wären. Ich glaubte zunächst nicht daran, dass man mir nachspüren würde, zumal ich nichts zurücklassen wollte, was mich verraten könnte.
Dieser lockende Aspekt in meinen Fieberfantasien stieß immer wieder auf erhebliche Bedenken, wenn es mir besser ging. Was sollte ich tun, wenn eines Tages meine Eltern, denen ich doch damit in undankbarer Weise sehr Schlimmes antun würde, mich aufgefunden hätten und mit den nötigsten Kleidungsstücken im Koffer mich auffordern würden, nun nach Hause

Mitten im Dschungel erleidet er einen Malariaanfall.

zu kommen? Wenn es für länger möglich gewesen wäre, aus der Zivilisation zu verschwinden, so wäre doch vielleicht eine Situation entstanden, die schwer zu bewältigen war. Auf die Dauer würde ich mir wohl allein nicht mit allem helfen können und eine der zierlichen und bestechenden Singhalesinnen als Haushälterin annehmen. Womit aber diese bezahlen? Denn ich hatte doch als Urwaldmensch kein Geld mehr! Auch die Gefahr, dass auf diese Weise eine Mischlingsfamilie sich bilden würde, war nicht zu übersehen.
Da die Malaria ja immer einen Tag um den anderen ihr Fieber schickt und man am Zwischentag scheinbar gesund und unbehindert ist, so macht ein solcher Zwischentag allen diesen Gedanken ein Ende, und ich belegte meinen Platz auf dem Dampfer und kehrte so, auch in Gedanken, nach Europa in die Zivilisation zurück.
Es ist ja vielen Menschen so gegangen, dass sie sich von dem äußeren Rahmen unserer Zivilisation abgeschlossen fühlten und nun eine Rückkehr zur Natur sich verschaffen wollten. Alle derartigen Versuche sind, soweit ich weiß, unglücklich ausgefallen, weil wir nach unserer Herkunft, Erziehung und Bildung schon viel zu weit verbogen sind, als dass ein Leben ganz naturhafter Art uns noch genügen würde, geschweige denn glücklich machen könnte.«

Das Chinin tut seine Wirkung und drängt die Krankheit zurück, die Waldemar ein paar Stunden oder sogar Tage fest im Griff hatte und ihn dazu brachte, unbewusste Wünsche zu äußern, von denen er selbst nichts ahnte, die aber bereits bei dem Entschluss zu seiner Reise den Ausschlag gegeben haben mögen. Doch die Gesellschaft ist wachsam und fängt die Schäfchen wieder ein, die sich allzu weit von der Herde entfernen. Und die ganze Zeit drehen sich die Räder der Geschichte weiter, die die Menschen in den mörderischen Wahnsinn treibt, der das neue Jahrhundert durchziehen wird. Am Ende der Reise gelangt Waldemar zu der bitteren und für ihn beängstigenden Erkenntnis: »Ob man wollte oder nicht, man war anders geworden im Laufe der Monate und man empfand, dass das sonst so berühmte Europa sich unendlich weit von der Natur entfernt hatte und von der Kultur zur Zivilisation herabgestiegen war.«

Waldemar schwankt zwischen dem einfachen Leben und der arroganten westlichen Zivilisation … und muss sich entscheiden.

Der Indische Ozean

oder die Rückkehr in die »ungeliebte Zivilisation«

NAPOLETANO

Auf einem Dampfer der Reederei Lloyd – derselben Schifffahrts-Gesellschaft, mit der er in die USA aufgebrochen war – kehrt Waldemar nach Europa zurück. 20 Tage dauert die Überfahrt. In 20 Tagen wird er seine Heimat wiedersehen, die er vor fast eineinhalb Jahren verlassen hat.

Nach und nach erholt er sich von der in Ceylon eingefangenen Malaria, und seine »Zurück-zur-Natur«-Träume verblassen. Die Vernunft erhält wieder die Oberhand, aber dieses Bewusstsein, dass die Zivilisation, in der er groß geworden ist, vielleicht doch nicht so unfehlbar ist, wird ihn nie mehr verlassen. Waldemar hat sich verändert und er weiß es, spürt es. Er sieht besser, sieht gut, dank dieser Reise. Insgeheim erkennt er, wenn auch nur dunkel, die Tendenzen, die hinter dem schönen Schein der Modernität, des Friedens, des Fortschritts lauern: Oberflächlichkeit, Egoismus, Eitelkeit, Leere, Geldkult, Machtgier und die nationalistischen Ideologien, die überall spürbar sind. Er selbst ist voller Vorurteile aufgebrochen, von seinen Überzeugungen erfüllt und von seinem Stolz auf Europa, dessen Fahne er nicht hoch genug halten konnte. Aber dann hat er die Welt jenseits der Ozeane kennengelernt, frei von der Folklore, mit der sie wie ein Jahrmarkts-Tier auf den Weltausstellungen vorgeführt wurde. Hinter den fremden Sprachen und Sitten, hinter Armut und Elend nimmt er nach und nach die Menschen dieser Welt wahr. Das Indianer-Pueblo am Ufer des Rio Grande, die jungen Amerikanerinnen in den Rockys, die beiden Geishas in Beppu, den Künstler in Tokio, seinen Freund Nakano, den chinesischen Boy in Peking, die Gläubigen in Benares und die Menschen in Java, »in die Kultur passende Blumen« …

Eineinhalb Jahre nach seiner Abreise von Bremen kehrt Waldemar über den Osten nach Europa zurück. Nur noch ein paar Etappen – hier in Aden (dem künftigen Jemen) –, und seine Weltreise ist zu Ende.

Er denkt an die Leute auf seinem Schiff. Bald werden sie verblassen, mehr und mehr aus seinem Bewusstsein verschwinden, das wieder vom Alltag eingenommen sein wird – Arbeit und Beruf, eine Familie gründen, Kriege überstehen, Angehörige begraben. Aber 50 Jahre später tauchen sie wieder auf, als Waldemar sich das große Abenteuer seiner Jugend in Erinnerung ruft: die Welt von gestern.

Daran denkt er wohl, als er sich mit dem Konsul Anton unterhält, dem er damals in Batavia die Geheimbotschaft überbrachte und der ihm auf dem Schiff nach Hause wiederbegegnet. Die Spionage-Affäre ist bereits Erinnerung. Jetzt nähern sie sich Aden, der englischen Kolonie im alten »glücklichen Arabien«. Waldemar versucht sich einzureden, dass er immer noch auf Reisen ist, als er die riesigen Becken bewundert, die dazu dienen, das Regenwasser in dem trockenen Land aufzufangen. Er wehrt die »erotischen Angebote« ab, die wie in allen Häfen der Welt an ihn herangetragen werden. Und schon ist er wieder auf dem Schiff, das die Überfahrt über das Rote Meer beginnt, dem angeblich »heißesten Ort der Erde«. Mag sein, dass dieser Rekord nicht ganz zutrifft, aber für manche Orte braucht man einfach eine Entschuldigung, um sie ertragen zu können. Die Hitze ist niederknüppelnd, nur abends kann man auf etwas Erleichterung hoffen, allerdings nur der männliche Teil der Passagiere: Ab 22 Uhr haben die Damen keinen Zutritt mehr an Deck, damit die Herren sich in leichter Kleidung von der nächtlichen Brise erfrischen lassen können. »Dass dieses Gebot eine wenig ritterliche Gerechtigkeit den Damen gegenüber war, wurde einem nicht bewusst.«

Das Schiff erreicht Suez, an der Mündung des gleichnamigen Kanals, der 40 Jahre zuvor gebaut worden war, um der Schifffahrt den Umweg über das Kap der Guten Hoffnung zu ersparen. Waldemar hätte wahrscheinlich nichts dagegen, wenn sich seine Reise um ein paar Monate verlängern würde, aber Oppeln wartet nicht. Der bloße Gedanke daran macht ihn wieder zu einem Preußen im Geiste. Er hat von Wiesbaden geträumt, von Hannover, Hildesheim, Erfurt oder »ähnliche schöne Orte preußischer Regierungen« und dann verschlägt es ihn ausgerechnet nach Oppeln!

Trotzdem behält er seinen Tatendrang und nützt jeden Halt, um an Land zu gehen oder die Haie zu beobachten, die um das Schiff wimmeln. Ein magerer Trost, zumal der Dampfer bereits wieder die Anker lichtet und aufwärts in den Kanal einfährt, eine Reise, die entsetzlich langweilig ist: rundherum nichts als Wüste.

Als das Schiff in Port Said anlegt, könnte Waldemar jetzt für ein paar Stunden seinen Fuß auf ägyptischen Boden setzen, doch er meidet diesen »im Grunde scheußlichen«, wenn auch »stattlichen Ort mit einer großen Fülle von Unsittlichkeit, Gangstertum und Handelsbetrug«. Er schluckt seinen Missmut hinunter und wird von der Schifffahrtsgesellschaft mit »gutem Essen« und »eisgekühltem russischem Kaviar« getröstet, was ihm »überflüssig und angeberisch« vorkommt.

Aus all dem geht hervor, dass Waldemar nicht mehr wirklich in der Stimmung ist, die Freuden der Reise zu genießen, die für ihn keine mehr ist, sondern nur eine Rückkehr, schlimmer noch, eine Formalität. Selbst die Namen, die jetzt fallen, haben nicht mehr denselben Zauber wie die früheren, die so ungeheuer verheißungsvoll klangen: Was ist schon das Mittelmeer im Vergleich zum Chinesischen Meer oder zur Meerenge von Malakka? Und wie farblos erscheint ihm Italien, das er in Neapel betritt, neben Shanghai, vom Huangpu aus gesehen ... Die schönste Bucht der Welt macht »einen überaus kümmerlichen Eindruck« auf ihn und beim Anblick des Vesuv, diesem »fernen Hügel«, läuft ihm kein Schauder über den Rücken, so wie am Fuß des Semeru in Indonesien. In Genua ist die Seereise dann endgültig vorbei.

Nach eineinhalb Jahren setzt Waldemar zum ersten Mal wieder seinen Fuß auf den europäischen Kontinent. Das Alte Europa hat sich nicht verändert. Hier herrscht noch immer das leichte Lebensgefühl der Belle Époque, ein Tanz auf dem Vulkan, der blindlings in die Katastrophe steuert.

In Genua steigt Waldemar in einen Zug und überquert via Innsbruck die Alpen. In Tirol erwarten ihn schon seine Eltern. Nur noch eine Nacht, bis er seine Familie wiedersieht, seine Mutter, die ihren »weitgereisten Sohn« endlich in die Arme schließen kann, seine enge kleine Welt von gestern und die neue Stelle in Oppeln, einer Stadt, über die selbst der Baedeker schreibt, dass es sich nicht lohne, dort auszusteigen. Woran er wohl denkt, als er im Zug durch das nächtliche Europa rattert?

Der Suezkanal: ein Graben mitten in der Wüste. Und am anderen Ende Port Said, das Mittelmeer, die »unsympathische Zivilisation«.

In Europa gehen bald die Lichter aus …

… das »Goldene Zeitalter« ist vorbei …

… und das »Zeitalter der Extreme« kündig

Die Welt danach

Jene kurze Nacht in den Alpen, das Ende einer Reise um die ganze Welt, war nur ein kleiner Vorgeschmack auf die lange Nacht, in der Europa bald versinken sollte. Waldemar schlägt die weisen Ratschläge des Baedekers in den Wind und steigt tatsächlich in Oppeln aus. Danach geht das Leben des jungen Globetrotters – vorbildlicher Schüler, behüteter Sohn und anständiger Bürger – wieder seinen gewohnten Gang.

Waldemar wird 13 Jahre im schlesischen Oppeln bleiben, das nach den deutsch-sowjetischen Auseinandersetzungen polnisch wird. Im Herbst 1906 kehrt er an seinen Regierungsposten nicht weit von Waldenburg zurück, und vor allem in die Nähe von Breslau, wo sein Bruder Richard noch das Chemische Institut leitet.

Im Frühjahr 1907 leistet er sich eine Kur in der Schweiz, dem Ursprungsland seiner Familie, und kuriert am Vierwaldstätter See die chronischen Beschwerden aus, die ihm von der Malaria geblieben sind. Ausgerechnet in seinem Amtsbezirk grassiert ebenfalls die Malaria, eines der Probleme, die er energisch in Angriff nimmt. Zu dieser Zeit gibt es diese Krankheit noch in Europa – erst in den 1970er-Jahren gilt sie als erloschen –, und Waldemar geht mit allen Mitteln dagegen vor. Als seine Bitte um Finanzierung bei den Berliner Behörden nichts fruchtet, lanciert er eine Nachricht an die zuständige Stelle, er bedauere sehr, dass die Behörde eine Gegend vernachlässige, die zu den beliebtesten Jagdrevieren des Kaisers gehöre. Die Wirkung ist frappierend und die nötigen Gelder stehen innerhalb weniger Tage zur Verfügung …

Dieser kleine berufliche Erfolg fällt mit großen Veränderungen in seinem Privatleben zusammen. Noch im selben Jahr, 1907, heiratet Waldemar. Der eingefleischte Junggeselle ist nun 34 Jahre alt und die Auserwählte heißt Olga Ottens und kommt aus Schleswig-Holstein. Später wird das Ehepaar alle Hebel in Bewegung setzen, um dorthin umzuziehen, aber vorerst bleiben sie in Oppeln, wo sich auch bald der jüngere Bruder Wilhelm mit seiner Frau ansiedelt – Willy hält es ohne seine beiden Brüder in Berlin nicht mehr aus. Mit Waldemars Unterstützung bekommt er schließlich den Posten des Staatsanwalts, der ihm die Tür zur Regierung öffnet, wo er bald zum Staatssekretär befördert wird. Die drei Brüder sind also wieder vereint. Das Haus von Waldemar und »Olly« ist immer voller Leute, von fröhlichem Kindergeschrei und dem Lachen der drei Brüder erfüllt, die über Reisen sprechen, über die Fotografie und die besorgniserregenden Entwicklungen, die Richard im Geheimen beobachtet. Aber niemand will es wahrhaben, alle glauben an ihr Glück. Warum auch nicht, wo doch jedes extreme Ereignis, jegliche Gewalt ausgeklammert ist in jener »Ära der Vernunft«, wie sie Stefan Zweig in *Die Welt von gestern* nennt?

Nicht lange nach seiner Rückkehr heiratet »der ewige Junggeselle« und gründet eine Familie. Er ist bereit, der »Welt danach« entgegenzutreten …

Die Brüder diskutieren über die »Entente cordiale«, das Bündnis, das die drei Großmächte England, Frankreich und Russland in Sankt Petersburg gegen den Dreierbund zwischen Deutschland, Italien und Österreich-Ungarn unterzeichnen. Und sind vielleicht etwas beunruhigt, als Letzteres Bosnien-Herzegowina annektiert und so die Expansionsbestrebungen Serbiens gegenüber dieser Provinz durchkreuzt. Vorläufig hält Serbien noch still, verzichtet unter dem Druck Russlands auf den Krieg. Aber es wird nicht mehr lange dauern, bis der Mechanismus der beiden Militärbündnisse und der wachsende Druck im Balkan Europa in ein Pulverfass verwandeln. Alles beschleunigt sich, die Geschichte wie das persönliche Schicksal der Menschen, und die »Grauzone« zwischen dem einen und dem anderen schrumpft immer mehr zusammen. 1910 verunglückt der 41-jährige Richard mit dem Luftschiff. Ein Tod ganz nach seinem Leben: Als der Ballon in einen heftigen Sturm gerät, setzt er alles daran, seine Frau und die restlichen Passagiere auf die Erde herunterzubringen. Doch das Luftschiff wird von einer Böe erfasst und stürzt kurz darauf ab. Richards Frau wird zwar gerettet, kommt aber nicht über den Tod ihres Mannes hinweg und begeht kurz darauf Selbstmord.

Für Waldemar bricht eine Welt zusammen. Richard, sein großer Bruder, dem die Seinen stets wichtiger waren als sein eigenes Leben, ein Opfer seiner Technikbesessenheit, lässt ihn zum ersten Mal im Stich. Was soll er tun ohne seinen Beschützer, der nie mehr da sein wird, um ihn zu beraten und zu trösten, um ihm neue Wege zu weisen, die ihm sonst verschlossen geblieben wären? Auch seine Beförderung zum Regierungsrat kann ihn nur schwer darüber hinwegtrösten, besonders wenn er die Reden des neuen Reichskanzlers Theobald von Bethmann-Hollweg hört, der davon spricht, »das alte Gesetz, wonach der Schwache stets dem Starken zum Opfer fällt«, besitze seine volle Gültigkeit. Ganz zu schweigen von den Gerüchten, wonach Russland ein geheimes Abkommen mit Italien unterzeichnet haben soll, um einen fragwürdigen Status Quo im Balkan aufrechtzuerhalten.

Das Glück war von kurzer Dauer und Waldemars Oppelner Jahre gehen dem Ende zu. Wilhelm zieht als Erster fort, weil seine demokratischen Ansichten bei der Regierung nicht erwünscht sind. 1913 kommen die beiden Brüder wieder zusammen, aber nur um den Vater zu beerdigen. Die Unglückssträhne in der Familie fällt mit dem Niedergang Europas zusammen. Noch halten die feindlichen Mächte still. Im Juni 1914 wird Erzherzog Franz Ferdinand in Sarajewo ermordet und im Juli ereilt Jean Jaurès dasselbe Schicksal in Paris. »Das goldene Zeitalter der Sicherheit«, wie Zweig es nennt, ist vorbei. Jetzt fordert das »Zeitalter der Extreme« (Eric Hobsbawm) seinen Tribut. Der Erste Weltkrieg vernichtet Europa.

Der 41-jährige Waldemar ist zu alt, um an die Front geschickt zu werden, und bleibt in Oppeln. Am liebsten würde er mit seiner Frau Olly nach Schleswig-Holstein zurückkehren, aber seine Versetzungsanträge werden allesamt abgelehnt. Er muss sich noch eine Weile gedulden. Wilhelm dagegen, dem seine politischen Ansichten schaden, wird als Reserveoffizier an die Ostfront abkommandiert, bevor er ins Polizeiministerium nach Berlin zurückbeordert wird.

Noch vor Kriegsende bricht die Revolution aus, sofern sie dieses Ende nicht sogar beschleunigt. »Ohne Revolution in Deutschland gehen wir unter«, hatte Lenin vorausgesagt. Im Frühjahr 1918 kommt es zu Unruhen und in ganz Deutschland entstehen Arbeiter- und Soldatenräte, die nicht mehr bereit sind, ihren Kopf hinzuhalten, damit Deutschland »auf ehrenvolle Weise« aus dem Krieg herauskommt. Die Regierung unter dem neuen Kanzler Max von Baden bricht zwar

… aber nie wird er »die verlorene Welt« vergessen, die ihm regelmäßig in Form der Neujahrswünsche des japanischen Kunsthändlers Hayashi in Erinnerung gebracht wird.

ihre diplomatischen Beziehungen zur neuen Sowjetunion ab, aber die Sozialdemokraten stellen dem Kaiser ein Ultimatum: Er muss abdanken, um das Schlimmste zu verhindern. »Ein solcher Sturz des Kaiserreichs erschien uns Staatsbeamten undenkbar. Und dann kam das Unfassliche: die Absetzung des Kaisers.« Für Waldemar, der mehr oder weniger mit der Vorstellung aufgewachsen war, »dass die Monarchie eine wohlbegründete Staatsform sei«, war es ein Schock, der tiefliegende, unbewusste Ängste in ihm weckte. »Als wir das Wort Revolution hörten, dachten wir natürlich an die Schrecken der Französischen Revolution, und wir hatten Angst um unsere Familien und um unser eigenes Leben.« Wie muss er erst entsetzt gewesen sein, als er am 21. Februar 1919 erfährt, dass Kurt Eisner, Mitglied der SPD, von einem Leutnant des bayerischen Leibregiments ermordet worden war – einem gewissen Arco Valley!

Doch die Revolution lässt auf sich warten. Es wird keine Räteregierung ausgerufen, sondern eine Republik gegründet, die als »Weimarer Republik« in die Geschichte eingeht. Waldemar ist skeptisch gegenüber diesem neuen Staat. »Wir waren sehr enttäuscht von der Revolution und ihren neuen Prinzipien. Die Republik als Regierungsform war uns von Kindesbeinen an fremd und hatte den schlechten Beigeschmack, sehr weit links zu sein …« Trotzdem bleibt er im Staatsdienst, um seine Pflichten zu erfüllen und, wie er hofft, mäßigend auf die linken Kräfte des neuen Regimes einzuwirken. Und das, obwohl sein eigener Bruder weiterhin für den Polizeipräsidenten von Berlin, Emil Eichhorn, arbeitet, ein Mitglied der Splitterpartei USPD, die zum äußersten linken Rand der SPD gehört. Was aber Wilhelm noch lange nicht zum Revolutionär macht. Vielleicht bringt er als überzeugter Demokrat einfach mehr Toleranz und Nachsicht gegenüber dieser Bewegung auf.

Nachsichtig sind offenbar beide Abegg-Brüder – sie lassen sich nicht von ihren unterschiedlichen Ansichten auseinanderbringen. Dafür sorgen auch die äußeren Umstände, denn Wilhelm wird nach Potsdam versetzt, und Waldemar zieht endlich nach Schleswig-Holstein, wo er in Kiel zum Oberregierungsrat befördert wird. Er macht noch immer Karriere, doch allmählich spürt er die Jahre. 1924 wird Olly mit 51 Jahren schwer krank und 1926 erleidet Waldemar mit 53 einen Herzinfarkt. Trotzdem nimmt er den Posten des Präsidenten der Landesregierung an. Das Ehepaar kann diesen Erfolg nicht wirklich genießen, ebenso wenig wie die ausgelassene Stimmung der Zwanzigerjahre, die wie ein letztes Aufbäumen gegen die aufziehende Nazi-Diktatur wirken.

»Der Sieg der Boches über die Deutschen«: Mit diesem Ausspruch des deutschfreundlichen Franzosen Jean François-Poncet – späterer Minister unter Giscard d'Estaing – kommentiert Waldemar die Nachricht, dass Hitler zum Reichskanzler ernannt wurde. Mag sein, dass er im Herzen ein Monarchist ist, ein Deutscher, der stolz auf sein Land ist, aber mit Hitler und seiner Ideologie will er nichts zu tun haben. Die Nazis merken offenbar schnell, dass sie nicht auf seine Unterstützung zählen können, denn im Dezember 1933 wird er zwangspensioniert. Aber vor allem Wilhelm muss die Nazis fürchten. Noch im selben Jahr wird er seiner Ämter enthoben, die deutsche Staatsbürgerschaft wird ihm aberkannt, er erhält Todesdrohungen und die Gestapo nimmt ihm seinen Besitz ab. Am Ende bleibt ihm nichts anderes übrig, als in die Schweiz zu flüchten, wo er die Staatsbürgerschaft seiner Vorfahren wieder annimmt. Aber er hat alles verloren und lebt verarmt in Zürich. Waldemar unterstützt ihn, so gut er kann. Seit Richard tot ist, fällt ihm die Rolle des älteren Bruders zu, der sich um den jüngeren kümmern muss. Er lässt ihm Geld zukommen, damit er sich und seine Familie einigermaßen über Wasser halten kann.

Waldemar, der in Deutschland geblieben ist, leistet auf seine Art Widerstand. Als ihm die Studentenverbindung, der er auch noch als 60-Jähriger angehört, einen von den Nazis erstellten Fragebogen zuschickt, auf dem er seine »Rasse« angeben soll, weigert er sich, dieser Aufforderung nachzukommen, und tritt später ganz aus dieser Vereinigung aus. 1939 zieht die ganze Familie – Waldemar, Olly und die drei Kinder Ingeborg, Anne-Marie und Helmut – in die Nähe von Hamburg. Nach dem Vorbild seines Onkels Richard erhält

n dem die Familie Abegg wohnte – lange bevor Berlin durch
eine Mauer geteilt war und Waldemar seinen Hut nahm …

Helmut dort einen Posten in der Chemiefabrik Degussa. Ob ihm klar ist, dass er seine Fähigkeiten in den Dienst eines Unternehmens stellt, das auf die Herstellung von Zyanid spezialisiert ist und folglich auf die Produktion des Giftgases Zyklon B, mit dem die Konzentrationslager beliefert werden? Und dass Degussa mit der IG-Farben verflochten ist, einem der größten Finanzgeber Hitlers? Wieder so eine Grauzone, in der sich historische Ereignisse mit persönlichen Schicksalen kreuzen und die Menschen in tragische Verstrickungen stürzen.

Waldemar zeigt Rückgrat in diesen sechs Kriegsjahren. Sein Hamburger Haus wird zur Zuflucht für viele Verfolgte des Nazi-Regimes. Die Abeggs nehmen ihre beiden Töchter auf – Ingeborg und Anne-Marie mit ihren insgesamt sieben Kindern –, außerdem einen der beiden Schwiegersöhne, eine Bekannte von Anne-Marie mit ihrem 15-jährigen Sohn, sowie die Tochter eines ehemaligen Oppelner Regierungspräsidenten und einen Cousin von Olly … Mit anderen Worten, das Ehepaar scheut keine Mühe, um Menschen in Not zu helfen, Verfolgte in einem Land, dessen einstiges Wertesystem unter der brutalen Herrschaft der Nazi-Ideologie zusammengebrochen ist. Waldemars Sohn Helmut, sei er nun Opfer oder Handlanger des Hitler-Regimes, wird in dieser Zeit in das Degussa-Werk in Wesseling bei Bonn versetzt, bevor er zum Militär eingezogen wird und nach Kriegsende schließlich in die Schweiz emigriert.

Dort besuchen Waldemar und Olly ihn und auch Wilhelm nach dem Krieg. Ein teuer erkauftes Wiedersehen: Waldemar hat nach der Kapitulation natürlich schnell seinen »Persilschein« von den Entnazifizierungsbehörden erhalten. Aber er leidet unter der Schande, die das Nazi-Regime über sein Land gebracht hat. Er schämt sich, Deutscher zu sein. Deshalb gibt er 1946 seinen deutschen Pass ab und nimmt die Schweizer Staatsbürgerschaft an, so wie seine Vorfahren. Wilhelm geht den umgekehrten Weg: Trotz aller Demütigungen nimmt er die ihm aberkannte deutsche Staatsbürgerschaft wieder an und kehrt in seine Heimat zurück, wo er sich in Baden-Baden niederlässt. Aber die entbehrungsreichen Jahre des Exils haben ihre Spuren hinterlassen: Er stirbt 1951, kurz nach seiner Schwester Margarethe.

Waldemar ist jetzt mit 76 der einzige Überlebende der Geschwister, mit denen er einst so behütet in der Berliner Wohnung in der Tiergartenstraße aufgewachsen ist. Der Techniker Richard mit seinen fantastischen Erfindungen wurde ihm von einer Sturmböe entrissen und Wilhelm, Künstler und Pferdeliebhaber, hat letztlich der Krieg getötet. Auch Konrad, die Eltern und die einzige Schwester hat ihm das Leben genommen. Die Farben der Vergangen-

heit sind verblasst, ausgelöscht von der Geschichte, der das Schicksal der Menschen einerlei ist.

Wunden, die vielleicht niemals wirklich heilen. Aber was bleibt Waldemar anderes übrig, als weiterzumachen? – Olly beklagt sich, dass sie in all den Jahren aber auch gar nichts von der Welt gesehen habe. Vielleicht nur ein Trick, um ihren Mann von dem Kummer abzulenken, der ihn bedrückt? Auf jeden Fall machen die Abeggs eine Reise, das Wundermittel für alle Wunden der Seele. 1952 buchen sie zwei Plätze auf einem Kreuzfahrtschiff, das sie von Lübeck über die Nordsee, den Ärmelkanal und den Atlantik in die Bucht von Biskaya, nach Gibraltar, Algier, Alexandria, Beirut, Antiochien in Syrien und Mersin in der Türkei bringen soll. Weit weg von Deutschland, in den Gewässern einer Welt, die ihren Frieden mit sich gemacht hat, ruft das Stampfen des Schiffes in Waldemar Empfindungen wach, die lange Zeit in ihm geschlummert haben. Die Küsten des Libanon, Ägyptens und Syriens erinnern ihn an eine Welt, die er vor Jahren

bereist hat. Und ist nicht Port Said in der Ferne das Tor zu dieser Welt, das den Weg öffnet zum Indischen Ozean, zur Meerenge von Malakka, Singapur, Hongkong, Peking, Yokohama? Plötzlich ist alles wieder da, dieses ganze große Abenteuer seiner Jugend. In Wirklichkeit hat es ihn nie verlassen. war nur zurückgedrängt durch das Leben, durch den Krieg.

Zurück in Hamburg, staubt Waldemar seine Regale ab und holt die zahllosen Fotos seiner Reise hervor, Zeugnisse einer Welt, die er sterben gesehen hat. Sein Blick von damals kreuzt sich mit dem von heute, den er im Abstand von 50 Jahren auf die Bilder richtet.

 Wenn er die Fotos von Amerika vor sich liegen hat, denkt er an die Bombe der *Enola Gay* auf Hiroshima, nur wenige Seemeilen von Beppu entfernt, dem Ort, an dem er die beiden Geishas kennenlernte; ein Andenken an sie steht noch immer auf seinem Schreibtisch. Vielleicht sind sie jetzt Großmütter – wenigstens dass sie nicht von der Bombe zerfetzt oder an den Folgen der Strahlung gestorben sind. Die Fotos von Hawaii erinnern ihn an Pearl Harbor und er denkt an die Achse Berlin – Tokio, ein unglaubliches Bündnis zwischen denjenigen beiden Ländern, die ihm aus unterschiedlichen Gründen am meisten am Herzen liegen. Dann die Bilder von Korea, die an den Krieg und an die Spaltung des Landes erinnern. Und China, das inzwischen rot ist, so wie die kommunistische Fahne, die zusammen mit einem Bild von Mao über dem Tor des himmlischen Friedens thront. Oder Indien, das sich auf friedliche Weise von der englischen Herrschaft befreit hat. Und, und, und … Immer mehr Fotos folgen, faszinierend und schmerzlich zugleich für Waldemar, der erkennt, wie stark diese Abzüge von Erinnerungen und Assoziationen überlagert sind, Bilder, die zum Teil noch die Farben des Frühlings tragen, aus einer Welt voller Unschuld.

Aber die Welt von gestern ist ein für allemal verschwunden. Aus die Belle Époque, verflogen der Fortschrittsglaube, zerstört die Hoffnung auf Frieden, brutal vernichtet der Anspruch eines jeden auf ein sicheres und bequemes Leben. Innerhalb weniger Jahre sind die Illusionen des beginnenden 20. Jahrhunderts im Bombenhagel und in den Gaskammern der Konzentrationslager untergegangen.

Was bleibt, sind die Bilder, die eine Ahnung von der Welt geben, wie sie vor dem Irrsinn der Weltkriege war. Waldemar beginnt sie sorgfältig zu ordnen, ebenso wie seine Erinnerungen, die er zu Papier bringt, so gut er kann. Er will die Über-

reste der Vergangenheit retten und – wer weiß – vielleicht sogar ein Buch daraus machen? Die Zeit drängt, denn bald darauf stirbt Waldemar. Es ist das Jahr 1961, als die Berliner Mauer errichtet wird, so dass Ost und West künftig nicht mehr nur einfache Himmelsrichtungen sind, sondern ein Symbol für die geteilte Welt. Es war wohl zu viel für den inzwischen 88-jährigen Waldemar. Der alte Mann hat seinen Wettlauf mit der Zeit verloren. Er kommt gerade noch dazu, ein Zitat von Properz zu finden, das dem vorliegenden Buch vorangestellt ist, und ein zweites, abschließendes von Ernst Robert Curtius: »Wenn wir zurückblicken, finden wir viele Irrtümer und Versäumnisse. Aber wir erkennen in ihnen eine innere Notwendigkeit, die aus den Tiefen unseren Seins kommt und Ausdruck unserer wahren Freiheit ist.«

Ein letztes Mal betrachtet Waldemar seine Fotos, dann legt er seine Augengläser zur Seite und empfiehlt sich.

Die Deutsche Nationalbibliothek verzeichnet diese Publikation in der Deutschen Nationalbibliografie; detaillierte bibliografische Daten sind im Internet über http://dnb.d-nb.de abrufbar.

Originaltitel: *Chronique d'un monde disparu*

Alle in diesem Band gezeigten Fotografien und Tagebuchauszüge stammen aus dem Nachlass von Waldemar Abegg bei akg-images, Berlin/London/Paris

Die originalen Glasplattenpositive (9 x 12 cm) der Bilder von Waldemar Abegg, die in diesem Buch gezeigt werden, wurden nach seiner Rückkehr von der Reise von der Photographischen Lehranstalt Jens Lützen in Berlin koloriert

Konzeption und Realisation: Caroline Keppy, Sandrine Roux
Auswahl der Auszüge aus Waldemar Abeggs Originalaufzeichnungen:
Hélène Lorrain

Übersetzung aus dem Französischen von Ilse Rothfuß, München

Lektorat: Barbara Münch-Kienast, Andechs
Satz und Herstellung: Büro Sieveking, München
Umschlaggestaltung: Dorkenwald Grafik-Design & Artwork, München

Printed in Italy

ISBN 978-3-89405-754-1